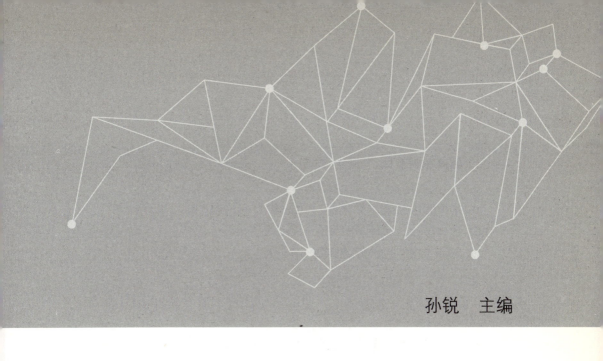

孙锐　主编

Huashang Guanli Zhihui Anliji

华商管理智慧
案例集

（第一辑）

中山大学出版社

·广州·

版权所有　翻印必究

图书在版编目（CIP）数据

华商管理智慧·案例集（第一辑）/孙锐主编.—广州：中山大学出版社，2016.6

ISBN 978-7-306-05729-7

Ⅰ.①华… Ⅱ.①孙… Ⅲ.①经济管理—案例 Ⅳ.①F2

中国版本图书馆 CIP 数据核字（2016）第 138137 号

出版人：徐　劲
策划编辑：吕肖剑
责任编辑：易建鹏
封面设计：林绵华
责任校对：李艳清
责任技编：何雅涛
出版发行：中山大学出版社
电　　话：编辑部 020-84111996，84113349，84111997，84110779
　　　　　发行部 020-84111998，84111981，84111160
地　　址：广州市新港西路 135 号
邮　　编：510275　传真：020-84036565
网　　址：http://www.zsup.com.cn　E-mail：zdcbs@mail.sysu.edu.cn
印 刷 者：广州家联印刷有限公司
规　　格：787mm×1092mm　1/16　16.875 印张　252 千字
版次印次：2016 年 6 月第 1 版　2016 年 6 月第 1 次印刷
定　　价：46.00 元

如发现本书因印装质量影响阅读，请与出版社发行部联系调换

编 委 会

主　　　编：孙　锐
副　主　编：田五星
编委会委员：陈　怡　刘闲月　林春培　马占杰
　　　　　　孙　锐　田五星　万文海　郑文智
撰稿人名单（按文序排列）：田建春　李光明
　　　　　　　　　　　　　杨树青　胡建兵
　　　　　　　　　　　　　董　燕　陈　怡
　　　　　　　　　　　　　陈初昇　苏朝晖
　　　　　　　　　　　　　刘晶晶　马占杰

序

  华商是世界华人的骄傲，是全球和亚洲经济中一支重要力量。华商企业在很多国家已成为当地民族经济的重要组成部分，为所在国家经济发展和社会进步做出突出贡献，成为促进中国与各国发展经贸合作关系、融入经济全球化和区域合作的独特桥梁。目前中国已成为世界第二大经济体，规模庞大的市场展现了无限的商机。"中国发展，华商机遇"，世界华商助力中国经济腾飞，华商投资多样化，进一步拥抱中国经济已成为华商经济发展的新走向。

  在世界经济的舞台上，无数的华商企业通过自身的勤奋努力和艰苦奋斗创造了一个又一个的神话，华商企业品牌背后无不深深蕴含着华商创业者和管理者的聪明智慧与管理经验。商场如战场，不见硝烟的商战背后往往是暗流涌动、危机四伏。当一些企业成功存活并不断做大做强时，更多的企业却因经营管理失败而倒下。学习、掌握更多、更好的企业经营管理经验，吸取失败教训，对华商企业的创立和健康成长至关重要。

  此案例集系列的出版发行，逐步将华商企业中经营管理的佼佼者汇聚一堂，其庞大精深的管理智慧无疑会对华商企业的未来发展起到积极的借鉴和促进作用。

贾益民
2016年3月于泉州

华侨大学工商管理学院

华侨大学工商管理学院，前身为工商管理系。1984年9月，经国务院侨务办公室批准，华侨大学正式成立了工商管理系，这是中国大陆高校中最早以"工商管理"命名的新兴科系。工商管理系创始人彭伟朗教授为首任系主任。历经郑汝铭、吴承业、龚德恩、黄维礼、叶民强等几任系主任的领导和全体教职工的共同努力，2000年工商管理系的办学层次和办学规模已有了较大的提高和发展，有1个博士点、3个硕士点和3个本科专业。

2000年9月，工商管理系与国际经济系、信息管理系、旅游系合并组建为华侨大学经济管理学院。2004年10月，根据学校的战略调整，企业管理重点学科从原经济管理学院分离出来并成立了工商管理学院。叶民强教授为首任院长，著名经济学家、原国家信息中心副主任乌家培教授担任名誉院长。

工商管理学院现有工商管理、财务管理、人力资源管理、市场营销、信息管理、物流管理等6个系，拥有省部级重点学科1个，福建省高校人文社会科学研究基地1个，省级经管实验示范中心1个。研究机构有华侨大学华商研究院、财税政策与管理研究中心、人力资源管理研究中心、信息化应用研究中心、物流系统工程研究中心、企业发展研究中心、东方企业管理研究中心、营销管理研究中心、商务管理研究中心。

学院具有博士、硕士、学士等不同专业办学层次，其中企业管理博士点1个，工商管理、管理科学与工程一级学科硕士点2个，企业管理、技术经济及管理、会计学二级学科硕士点3个，MBA、项目管理、物流工程等专业硕士点3个，工商管理、财务管理、会计学、人力资源管理、市场营销、信息管理与信息系统、物流管理、国际商务等本科专业8个。工商管理学院在香港、澳门等地区也设有各专业层次的办学点。

著名经济学家乌家培教授被聘为特聘教授，著名管理学家复旦大学苏东水教授、厦门大学廖泉文教授以及美国阿姆斯壮大学校长黄天中教授被聘为学院的博士生导师，孙锐教授为现任院长。

现有教职工102人，专职教师83人，其中博士生导师7人，教授16人，副教授23人，讲师44人。教师中具有博士学位的54人，硕士22人。学院目前各层次全日制在校学生2719人，其中博士研究生35名，硕士研究生134名，本科生2550名。学院境外生有441人，分别来自马来西亚、德国、日本等19个国家和地区。学院自办学以来已培养各类学生10000多人，其中境外生1000多人。

工商管理学院在学校"为侨服务，传播中华文化"办学宗旨和"面向海外，面向港澳台"办学方针的引领下，遵循"会通中外，并育德才"的办学理念和"宽容为本，和而不同"的校园精神，按照"一校两生，因材施教"的培养模式，加快学科建设进程，着力提升办学质量和办学水平，努力朝着建设具有特色、较高水平学院的宏伟目标迈进。

联系电话：0595-22691926；0595-22692362

传　　真：0595-22690072

电子信箱：gsgl@hqu.edu.cn

目 录

案例一：ZZY——发展中的有机农庄 ··· 1
 引言 ·· 1
 一、背景介绍 ··· 2
 二、企业概况 ··· 2
 三、市场状况 ··· 3
 四、营销策略 ··· 4
 案例使用说明 ··· 10
 附录1：有机农业发展和背景知识 ·· 14
 附录2：公司发展规划 ··· 21

案例二：龙润集团品牌战略管理 ··· 23
 引言 ··· 23
 一、龙润集团背景介绍 ··· 24
 二、品牌战略实施背景 ··· 27
 三、龙润集团的品牌战略规划 ·· 30
 四、龙润品牌战略成功实施之关键因素——以龙润茶
   为例 ·· 38
 案例使用说明 ··· 50

案例三：SS体育用品有限公司遭遇发展瓶颈 ································ 57
 一、许总的烦恼 ·· 57
 二、许总其人 ·· 60
 三、晋江产业集群发展背景 ·· 61
 四、公司简介 ·· 63
 五、"群龙无首" ·· 67
 六、品管经理的离职 ·· 68

1

七、许总的设想 ·· 71
案例使用说明 ··· 72

案例四：华大超硬工具科技有限公司如何保持竞争力 ········· 76
引言 ·· 76
一、行业发展介绍 ····································· 77
二、泉州石材加工业 ··································· 78
三、公司发展概况 ····································· 79
四、纪总其人 ··· 80
五、公司组织结构 ····································· 81
六、公司产品系列 ····································· 82
七、工具厂的设施布局 ································· 85
八、生产计划 ··· 86
九、产品生产工艺 ····································· 86
十、质量控制 ··· 90
案例使用说明 ··· 93

**案例五：连天红（福建）家具有限公司专业技术人员招募
与甄选** ··· 96
引言 ·· 96
一、公司简介 ··· 98
二、行业背景 ··· 98
三、连天红公司专业技术人员招募渠道的选择和使用 ······· 99
四、连天红公司专业技术人员的甄选 ···················· 109
五、专业技术人员招聘及甄选活动的评价 ················ 129
案例使用说明 ·· 133
附录1：三种媒体广告的优缺点及适用情形 ·············· 142
附录2：层次分析法甄选人员的具体步骤 ················ 144

案例六：卡车4S店的人力资源战略 ······················ 159
引言 ·· 159
一、公司简介 ··· 159
二、行业背景 ··· 162

三、陈总其人 ································· 165
　　四、面临的机遇和问题 ··························· 167
　　案例使用说明 ································· 174

案例七：泉州白雪公主丽致婚纱摄影馆的营销困局 ············ 183
　　引言 ····································· 183
　　一、公司简介 ································· 184
　　二、营销环境分析 ······························· 185
　　三、白雪公主馆营销管理现状 ······················· 188
　　四、营销困境 ································· 192
　　案例使用说明 ································· 195

案例八：一家量贩式KTV的服务流程 ···················· 199
　　一、神秘顾客的到来 ····························· 199
　　二、严肃的班前干部小会 ·························· 202
　　三、整装待发的公司例会 ·························· 203
　　四、热火朝天的外场 ····························· 203
　　五、风景独好的吧台 ····························· 206
　　六、甘苦奋斗十余载——X公司简介 ···················· 207
　　七、时尚与阳光的代名词——回顾量贩式KTV ············· 208
　　八、在梦想中努力奔跑 ··························· 209
　　案例使用说明 ································· 210

案例九：怡园酒庄的"先做精"与"再做小" ················ 232
　　引言 ····································· 232
　　一、公司简介 ································· 233
　　二、创始人陈进强的创业动机与发展模式 ················ 234
　　三、继任者陈芳对酒庄的定位与发展 ··················· 238
　　四、尾声 ··································· 242
　　案例使用说明 ································· 244

后记 ······································· 247

案例一：ZZY——发展中的有机农庄

田建春

摘　要：本案例介绍了一家生产有机蔬菜的小企业，对有机食品产业的发展背景进行了概述，回顾了它的发展历程，介绍了它的营销现状，指出了它的主要挑战与机会，展望了将来的发展蓝图，提出了可能的发展瓶颈。案例立基于笔者对企业的几次访谈和考察，为提升使用者的现场感，主体部分保留了对话的形式。本案例对食品危机频发背景下，食品产业如何健康可持续发展起到了管中窥豹的作用，可作为管理学、营销管理、零售管理及人力资源管理等课程的案例来使用。

关键词：ZZY；有机农庄；有机食品；有机蔬菜；营销

引言

2007年，笔者在对有机食品课题进行研究期间，发现了一个有机蔬菜品牌。根据蔬菜包装上的地址，笔者按图索骥，找到了公司的所在地——泉州著名的风景区清源山，有机蔬菜基地就位于山上。庄总是企业主，接下来，笔者对庄总进行了两个下午的访谈。为尽可能全面地了解这个企业和有机食品行业及有机蔬菜经营管理方面的知识，两年来，笔者不断追访。下面是笔者根据对庄总的访谈整理而成的案例，希望通过案例分享引起大家对有机食品相关问题的兴趣，进而展开一系列讨论和思考。

一、背景介绍

食品安全问题已经成为公众关注的热点问题之一，有机食品的开发是解决食品安全问题的有效途径之一。近年来的统计数字表明，虽然全国各地的恩格尔系数越来越小，但是，家庭用于食品开支的绝对数额却在上升，人们更舍得在健康食品方面投入资金。有机食品呈现出非常畅销的局面，在2008—2009年国内外各行业走入低谷的背景下，有机食品产业作为朝阳行业焕发出勃勃生机。而在有机食品领域里，有机蔬菜是占比前两名的食品。本案例涉及的有机蔬菜企业虽是一家小企业，但是通过它可以揭示出有机食品小企业和有机食品行业发展所面临的普遍性问题，故整理出来供学员讨论。有机食品产业发展的背景知识由于内容较多，参见附件。

便于案例的分析讨论计，笔者保留了原汁原味的调查信息，采用对话的形式呈现这个案例的方方面面。

二、企业概况

田：庄总，您好，很高兴泉州有这么一家有机蔬菜公司，身为泉州人，能够吃上本土产的有机蔬菜真是一件幸福的事情。请问您是怎样想到做有机蔬菜这一行的呢？

庄：我最早是搞装修设计的，那时的收入还不错，业务也比较稳定。在参与会展的过程中，我认识了一些台湾和新加坡的朋友，从他们那里我了解到国际有机食品的发展潮流。有人劝我做有机食品行业，因为有机食品产业发展前景好，国内做这一行的人比较少，先做可以获得市场先机，我就动了心。当时不顾家人的反对，把前期工作积累的收入全部投在了有机食品行业里。

最早接触有机食品有两个选择：一个是有机食品的深加工，一个是有机蔬菜的种植生产。我最早是从食品深加工开始的，没想到，市场很难接受这种食品。因为食品加工过程不够透明，从加工品的外表来看又看不出与普通食品加工的区别，消费者没有接受，所以投资失败了。而蔬菜不一样，蔬菜连接着每家每户，人们每天都离不开它。大家都怕农药，而蔬菜从外表的菜品到种植过程都比较透明，消费者可以参观生产基地，农产品的宣传容易懂，市场接受更快些，所以后来就转而开始有机蔬菜的生产。我租了30亩土地，并在2003年注册了ZZY品牌。几年内，一边改造土地成为有机土壤，一边完善相关的有机检测的复杂程序，经过认证后才开始有机蔬菜的生产销售。（关于公司的发展蓝图，庄总给了一份由他拟定的发展规划，详见附件。）

三、市场状况

田：请问有机蔬菜的目标市场是怎样的一个状况？目标市场的特点怎样？都有哪些人群在消费有机蔬菜呢？

庄：我国生产的有机蔬菜大多是以出口为主。国内消费者对有机蔬菜的认知度还比较低。

南京有专家做过有机蔬菜消费方面的调查，把有机蔬菜的消费者做了以下归类：那些非常关注自身健康、注重保健的人群；中等收入家庭，家庭月收入在6000元以上的；有一定文化背景的、受教育水平比较高的人群。这些群体月均消费有机蔬菜在400—500元，其中韩国人消费有机蔬菜较多。本基地有一部分菜园专供有机蔬菜给在泉州的外国人食用，如日本人、韩国人。韩国人爱生吃用来凉拌的特种蔬菜，所以专门给他们开辟出一块地，让他们租用，由公司负责管理，韩国人有空就来采摘和管理，享受田园乐趣。

有很多从事"安利"保健品销售的人员食用我们的有机蔬菜，因为有机蔬菜的消费群体和他们公司的目标市场比较接近，我们可以和"安利"公司合作,互相匹配资源。

此外,一些高档住宅区的居民也是我们的目标顾客。

四、营销策略

(一) 关于产品

田:请问本基地有机蔬菜的特点是什么呢?

庄:本公司有机蔬菜与传统蔬菜的区别是:以稀、特为主,产品质量上乘,具有有机食品可追溯性的特点。

田:我们常在超市看到一些无公害蔬菜品牌,如"中绿""中国利农""超大"等,那么请问您公司生产的有机蔬菜和这些绿色蔬菜有什么区别呢?

庄:我们和中绿、中国利农、超大都不同,我们与他们是差异化经营,不构成直接的竞争。其中,中国利农是从超大剥离出来的,自己没有生产蔬菜,全部订购、生产采用的是"公司+农户"的方式,出产的是普通蔬菜,所以它的不确定因素很多。无公害蔬菜的技术要求比有机蔬菜的要求低很多。

(二) 关于渠道

田:公司现在使用的营销渠道都有哪些?

庄:目前有机蔬菜处于供不应求的状态,在渠道的使用上不是问题。在这一方面,我们有绝对的讨价还价的能力,是我们选择渠道而不是渠道选择我们,都是商场、超市主动来找我们。

商场及超市渠道:沃尔玛、新华都、麦德龙、双秀海鲜超市都是本公司有机蔬菜的切入点,是我们常年的销售渠道。

酒店渠道:专供酒店的就是市场上少见的新、特蔬菜、野菜之类。酒店经常占压供应商的资金,所以并不是最理想的渠道。

居民小区配送:给家庭户配送,就是定点定时给某个小区的客户集中配送，使有机蔬菜在最新鲜的第一时间直接进入家庭。用户可用电话订购，早上采收，实行门到门的服务，在最短时间内以最快捷的方式送到客户家中，不会耽误中午食用。送菜价格与零售终端价格持平，但比超市终端更新鲜。这种渠道为我们赢得了稳定的顾客群。

公司算了一笔账，如果小区有20户左右的市场需求，共需要100包有机蔬菜，每包2.9元，100包就是290元，其中的58元用以支付单次往返的车费和人工，能超过100包的量就更好。家庭会员供应是最好的方式，不用到超市买蔬菜，台湾就是这个模式。美国的鲜花快递公司供应鲜花也是采用这个模式，采取花农、公司、特快专递公司三足鼎立的合作方式，提供最好的服务。

现在我们公司已经和沃尔玛、麦德龙、新华都签约，因为蔬菜属于保鲜要求高的产品，要尽量短途运输，就地取材，就地供应。这样也降低了运输成本，双方都合算。由于产品的稀有性，超市很愿意合作。沃尔玛资金安全性和资金周转率都很高，制度健全，信誉好，是公司求之不得的理想渠道。目前本基地由于生产规模有限，还无法满足连锁超市覆盖面的要求。

（三）关于价格

田：目前有机蔬菜的价格是否为市场所接受？成本组成是怎样的，各环节价值分配情况如何？

庄：一般有机蔬菜的价格比普通蔬菜要贵30%—40%。考虑到本地市场的接受能力和各方面的因素，我公司蔬菜定价比上海等大城市的有机蔬菜价格要低一点。上海、北京等大城市的消费水平比较高，对有机蔬菜的市场认可度、接受度也较高，所以，有机蔬菜的市场价格也比泉州高30%—40%。事实上，购买有机蔬菜的顾客普遍是对价格不敏感的人，并不因为价格的起伏而放弃消费有机蔬菜，他们大多已经形成了稳定的消费习惯。一包300—400克包装的叶类蔬菜足够一家三口炒一个菜的量，曾经从每包2.9元上升到3.9元，甚至4.9元，最高到5.9元。

国际金融危机后，公司改变了包装，蔬菜改变成150—300克的小包装2元系列，顾客可根据家庭人数自由选择购买一袋或者两袋，价格更实惠，销售态势很好，未受金融危机影响。

价格的组成一般由以下因素决定，进场费、卖场扣点、卖场终端人员维护费、终端分享利润、包装费、认证费、配送费、人员工资、土地投入（肥料、种子、土壤改造、开垦维护、土地租金等）等。所以赢利很难，利润不高，还有自然灾害的风险。其他有生产基地的蔬菜公司如超大、中绿等都是一样，赢利不容易。专业的农业公司赢利很难，反而是农产品营销公司、贸易公司，从农民手中买蔬菜，低买高卖就可以赢利。还有一个对本公司发展的不利因素就是，由于本公司是私营公司，享受不到农业补贴。

（四）关于促销

田：我从一位顾客的角度来观察，看到贵公司的有机蔬菜在堆头的陈列没有任何宣传标签或者POP之类的促销品，与其他蔬菜的区别仅仅是使用了有企业商标的包装袋，请问到目前为止，公司有没有为扩大品牌的影响力做些宣传？

庄：我们确实没有做什么宣传，我计划将销售网络先布置完成，造成市场一定的紧缺，为扩大生产打好市场基础，再提高市场知名度。产品进入终端后，随着曝光率的提高，品牌认知度提高，知名度随之提高，成为消费者所依赖的食品品牌，公司也就产生了盈利。到现在为止，一切都按照设想在进行。

在促销方面，我有些可以实行的想法：第一，为了吸引消费者，公司将来可以开展观光旅游项目。生产基地位于泉州最好的风景区内，这里不仅是非常漂亮的种植园区，也是开展农家乐较广泛的地点。作为体验营销的一种方式，可以就地进行消费者教育，引导消费者树立消费信心，使消费者更深刻地理解有机蔬菜的概念，在休闲中培养食用有机蔬菜的习惯，更进一步增加忠诚消费者的数量。

第二，就是网站建设。随着网络时代的发展，上网查信息和购物的人越来越多，一个值得信赖的产品、一家值得信赖的公司肯定要有一个好的网站。网站成了低成本甚至无成本做宣传最好的方式。通过网站，可以影响相当数量的有消费能力的、受过一定教育的人群。

田：了解到现在，发现您做这一行是做对了，有机食品行业无疑是朝阳行业，您的有机蔬菜品牌也没有多少竞争对手，因为在泉州除了麦德龙在销售昂贵的进口有机蔬菜以外，市面上只有您这一家有机蔬菜品牌，那么公司发展到现在有没有什么难题或者是发展瓶颈呢？

庄：问题和困难不少。第一，复制困难，发展瓶颈主要在于人力资源的约束。种植基地完全是按照企业管理的方式在运作，在这里工作的农民，也是新型的职业农民。这些农民全部经过了农业基础知识、农作物种植、植物保护、作物栽培、农户经营管理等方面的培训，并通过了考试，获得农林部门颁发的技术资格证书。我们喜欢用的是有传统种植经验的农民，最好是夫妇都来这里工作，人员的稳定性会比较高，其模式是：现代的岗位负责制加上人性化的夫妻合作制。整个基地划分为多个班组，每个班组的成员都由夫妻俩组成，每组承包几块地。所有投资均由公司负责，以一年的投资成本作为对每个班组的基本考核目标，超过部分则由承包者和公司按比例分成。

但是，员工中真正有种田经验的人不多，也由于家庭的原因或者到工业企业、服务业就业，人员有一定的流失率。虽然我们的工资水平不会比在工业企业就业低，但人们还是摆脱不了偏见的影响，认为从农村出来还是种田，工作性质不那么风光。员工的招聘成问题，公司的连锁扩张就不容易进行。有一些很适合发展有机蔬菜的区域，地方领导都动员我去开发，给予我优惠政策，只是人力资源的限制使我的想法无法实现。不只是基本员工，包括合伙人和中层管理人员也很难找，因为有机蔬菜的种植需要很多经验和技术，培养一个合伙人和管理人员不容易，靠单打独斗，企业规模无法扩大。

为免于看着市场需求和事业机会流失，我准备在开辟另一个基地时，采取技术指导为主，在保证质量的前提下，由当地农民种菜，满足当地就业和发展生产的需要，达到地方政府、农民和我方三赢的目的。

第二，资金问题。由于刚刚进入这个行业是从有机食品加工业开始的，但是失败了，亏损了，后来靠抵押贷款发展到现在这个样子，基本上是靠自身滚动发展。这样发展很慢，中小企业融资方式不多。

加上有机农业前期投入大，土壤改造周期长，一块土地不可能当年见效，起码要两三年的慢慢改造才能成为标准的有机土壤。有机农业所需要的有机肥和药物也比较贵，加上物流费用都是自己承担，所以，资金的问题一直是一个瓶颈。表面看起来供不应求的有机蔬菜成本很高，由于没有规模效应，公司仅属微利经营。

田：那么政府在这一方面有没有什么支持措施？

庄：从政府方面来看，对观光农业和有机农业的开发意识比较淡薄，重视不够。政府有它的难处，他们主要考虑见效快的项目，泉州还是以工业为主，农业不是泉州的支柱产业。农业所占比例本来就少，土地也少。农业投入期长，见效慢；抓工业见效快，收益多。有机食品的认证费用也很高，都是企业自己支付，成本很高，没有政府的支持，企业资金周转不灵，规模的扩展很受限制。

政府在观念上，也不太重视无公害生产基地的建设。尤其是我们这么小的企业，只好靠个人，靠这块土地上热血沸腾的企业家，靠市场慢慢打造品牌，进行产品的营销，打出市场、打出自己的一片天地。靠政府慢慢会变懒，还不如早一点在市场的海洋中游泳。

虽然只是一个下午的时间，但通过访谈，笔者已经脱离初来时对有机食品知识的懵懂状态，对这一行业有了很多清晰的认识。离开庄园时，夕阳的金晖柔和地洒在这片田野上，给所有的植物镀上了金边。呼吸着新鲜的空气，沐浴着田野的芬芳，笔者终于理解为什么庄总大部分的时间都在山上，而不愿意在山下吃一顿饭。因为他吃的全部都是有机食品，连他住在山上的生活方

案例一 ZZY——发展中的有机农庄

式都是"有机"的,可谓"全方位有机"。后来笔者去洗照片,有人惊叹道:"泉州还有这么漂亮的风景啊?"

品牌竞争是资本运作和人才资源的竞争。有机食品业属于国内少数供不应求的行业,扩大生产规模恰逢其时,但是资金成了问题。即使资金、场地都有,人才又成了问题。食品不像鞋服产品那样质量好坏一眼就可以看到,食品原材料的组成、农药的残留、营养成分、食品监管是否到位都不那么容易了解,所以不容易取得信任。总而言之,有机食品业风险和机遇并存。

案例使用说明

一、教学目的与用途

（1）本案例可供管理学、营销管理、人力资源管理和零售管理等课程使用，教学对象为 MBA 和经济类研究生及经济和管理类本科生。

（2）本案例的教学目的在于，在企业进入微利时代的背景下，令学员关注可持续发展的朝阳行业——有机食品行业，进而了解行业发展的模式、发展的制约因素、营销重点及主要发展瓶颈。进一步的目的是通过本案例起到抛砖引玉的作用，促使大家搜集并延伸阅读更多的有机食品资料，分析有机食品产业的发展前景，加大对有机食品行业的深度挖掘。同时，在资源紧缺、环境恶化的大背景下，引导大家思考一个严肃的问题：我们怎样过一种有机的生活？

二、启发思考题

（1）为了令消费者对有机食品产生更高的信任度，我们在有机蔬菜的生产、营销、零售、监管等环节应该怎样做？

（2）本案例的企业主遇到了哪些发展瓶颈？从企业内、外部来说，分别应该怎样做？您认为其他行业的发展模式是否可以为本企业问题的解决提供借鉴？怎样才能使本企业发展得更快些？

（3）请您描述有机蔬菜企业的竞争状况，分析有机蔬菜的消费环境对企业的影响。ZZY 在营销方面都是怎样做的？您还有哪些品牌建设和营销方面的建议?

(4) 如果您是一家超市的管理者,您是否会采购有机蔬菜?

三、分析思路

不同学科、专业的教师可以根据课程的需要选择本案例的兴趣点,以下几个思路谨供参考。

(1) 根据我们的调查和研究,虽然有机蔬菜的销售情况很好,但是购买者对有机蔬菜的信任度仍有待提高。这个问题,在案例中也有留下伏笔,企业可以在加强消费教育、进行体验营销等方面下功夫,还可以在菜品、包装、提升品牌价值感、强化商品陈列的视觉效果等方面做文章。此外,与食品监管部门合作宣传,既可提高信任度,又可引导顾客从盲目购买到选择品牌购买,获得企业发展的主动权。

(2) 从宏观环境来说,因为有机农业还处于分散经营阶段,对经济的贡献度还很小,所以还没有引起有关部门的足够重视。由于企业规模小,缺乏政策倾斜,信贷支持也难以取得,人力资源供应亦不足。除了案例本身可以找到的线索外,我们可以从家族企业本身的局限性、经营观念的转变和企业文化建设等方面来分析。

(3) 与本土有机蔬菜企业竞争的有:普通蔬菜供应者在价格上与之竞争;绿色蔬菜、无公害蔬菜供应商在规模、价格上与之竞争;来自进口和外地有机蔬菜企业的品牌竞争。虽然市场需求越来越多,有机蔬菜的消费也呈现出几乎一边倒的有利形势,但市场需求的强劲并不能掩盖企业在营销方面的粗放化经营。这些问题迫切需要规范化和系统化的经营管理来解决。

(4) 现代企业的高级竞争是供应链系统的竞争,零售、供应关系处理得好才有可能实现双赢。决策的关键是:第一,双方的议价能力;第二,零售商的商品品类结构管理计划;第三,供应商的市场布局规划。

四、理论依据与分析

（1）市场营销基本理论：我们所讲的4P营销策略，生产企业都有涉及，但是四个方面并不是平均用力，最重要的方面起着提纲挈领的作用。此案例中，4P中的产品是重中之重，是解决问题的关键，在此可对照产品的五个层次一一解剖。波特的五因素分析法可分析本案例的竞争环境。

（2）零售管理理论：品类管理是提高零售管理效率的重要手段，在品类管理的层面上，零售商与供应商的合作关系最为突出。所以，品类管理理论、选址、布局、商品陈列理论都可以帮助我们分析。

（3）作为综合案例使用时，应综合运用生产要素基本理论、人力资源、财务分析、融资战略和可持续发展理论。

五、关键要点

（1）背景信息。本案例讨论的参与者对有机食品信息掌握得越多，分析起来才越有发言权。因此，除了本文所提供的背景信息外，鼓励多搜索阅读。

（2）必须对影响企业发展的诸多内外部因素进行SWOT分析，找到企业经营的短板，然后根据问题的主次轻重分析哪些可以自身解决，哪些必须借助外力才能解决，分清短期、中期、长期分步骤需要解决的问题。

（3）有机食品呈现市场需求旺盛的局面，有机农庄的复制扩张势在必行。案例中，企业的显性困难是资金和劳动力的问题，而隐含的问题也不能忽视。比如企业文化——企业怎样对待员工和员工怎样看待这份工作是一个讨论焦点；又如资金背后的问题：中小企业都有资金紧缺的问题，但深入分析可以发现，这其实是一个合伙或者合作的诚信问题和投资的风险管理问题。

六、课堂计划建议

（1）本案例使用时，可提前发给学生，以便学生查找有关资料，这样课上的讨论才更充分。

（2）本案例有两种课堂使用方法：一是作为单课程案例，只讨论和课程相关知识有关的问题，如果班级人数在 50 人左右，建议讨论时间为 70～80 分钟，如果人数在 20～30 人，讨论时间则控制在 45～50 分钟。一是作为综合案例，对所提问题全部讨论，则需要 2～4 小时的讨论时间。

（3）讨论方式：作为单课程案例，学生可自由回答问题，老师注意引导和总结。作为综合案例，学员应该分组，逐一报告，老师总结。

附录1：有机农业发展的背景知识

一、有机农业的发展阶段

从世界范围来看，有机农业自提出至今已经有70多年时间，其间大体经历了四个阶段。

（一）思想萌芽阶段（1900—1945）

这一阶段是有机农业思想萌芽和提出时期，主要是有关专家和学者对传统农业的挖掘和再认识。1940年，英国的艾尔伯特·霍华德（Albert Howard）写成了《农业圣典》一书，此书成为指导国际有机农业运动的经典著作之一。而中国在几千年发展传统农业过程中所积累的优秀农艺思想和技术，如农林牧结合、精耕细作、培肥地力、合理轮作等对有机农业的出现也起到了十分重要的影响作用。由于处于初创阶段，有机农业只是在较小的范围内进行运作，其理论基础和技术体系水平较低，有机农业的社会影响也很有限。

（二）试验研究阶段（1945—1972）

1945年，美国有机农业的创始人罗代尔（J. I. Rodale）受《农业圣典》的影响，按照Howard的办法创办了Rodale有机农场。Rodale有机农场的建立标志着全球有机农业进入了试验研究时期。这一时期，有机农业在规模和数量上远远超过第一阶段，但与常规农业相比仍然非常微小。尽管世界上许多国家的农民在局部地区实践、操作有机农业，但由于高投入、高产出的现代农业体系带来了巨大的财富，成为当时农业发展的主流，加上有机农业自身存在的一些未克服的问题,人们对有机农业尚处于观望阶段。当时,有机农业生产者的主要目的是为了保护环境,节约资源,减少对农场外部系统的依赖,追求人与自然的和谐共处。市场对有机食品的需求非常少,产品大多用于自身消费或赠与亲朋好友品尝,也就谈不上规模效益。

(三) 奠定基础阶段 (1972—1990)

1972年11月15日,来自英国、瑞典、南非、美国和法国的5个单位在法国的凡尔赛(Versailles)成立了国际有机农业运动联盟(International Federation of Organic Agriculture Movements,IFOAM),标志着国际有机农业进入一个新的发展时期。这一时期的有机农业发展有如下特点:一是通过发展组织会员,扩大有机农业在全球的影响和规模;二是通过制定标准,规范生产技术;三是通过制定认证方案,提高有机农业的信誉。由于有机农业运动是各国民间组织或个人自发开展的,加上自身具有分散性和不稳定性的缺点,因而这时期发展仍然比较缓慢,有机农业也没有得到大多数国家政府的足够重视和支持。在此期间,德国、英国、法国、瑞典与美国等国家的农民自发地开展有机农业,积累了一定的实践经验。

(四) 飞速发展阶段 (1990年至今)

进入20世纪90年代,实施可持续发展战略得到全球的共同响应,可持续农业的地位也得以确立,有机农业作为可持续农业发展的一种实践模式和一支重要力量,进入一个蓬勃发展的新时期,无论是在规模、速度还是水平上都有了质的飞跃。这一时期,全球有机农业主要发生了以下变化:由单一、分散、自发的活动转向区域性有组织的民间活动,在一些国家甚至还引起了政府部门的重视,有的在法律上给予保护,有的在政策上给予支持。就标准而言,许多国家已经根据国际有机农业运动联盟的基本标准制定了本国和本地区的有机食品标准。就产品开发而言,有机产品日益丰富，有区域特色的农产品和加工产品的比重日益扩大。就市场发育而言，有机食品已经开始由现产现销转向批发销售，并进入超市，有的国家还有连锁经营，一部分有机食品已由乡村市场进入城市市场，由国内市场走向国际市场。

二、发展前景

（一）国际发展前景

从世界范围看，目前有机食品的销售量还不到食品销售量的1%，但其发展速度相当快，而且销售潜力相当可观。有人预测，在21世纪初，全球有机食品销售量占全部食品销售量的5%。但不同地区有所差别，发展中国家由于多数人还在解决温饱问题，有机农业的发展相对较慢；而众多发达国家由于人们对这个问题认识较早、投入力度大，再加上国家给予相关政策来支持和鼓励农民进行有机农业生产，因此在欧美地区及日本等国家有机农业发展得比较快。法国大约有5%的农场专门从事有机食品原料的生产，有机食品市场占整个食品市场的5%，婴幼儿食品基本上都是有机食品。欧洲其他国家从事有机食品生产的农场在2%—3%之间，20世纪90年代初，已注册登记专门从事有机食品加工的工厂有1716家。美国几乎所有的连锁店都销售有机食品，有1/3的美国人会购买有机食品，1980年有机食品销售额为7800万美元，当时估计2000年为60亿美元，以每年20%左右的速度增长，从事有机农业生产的农民以每年12%的速度递增。当时日本有8000多个有机农场，有机食品的市场规模将由1990年的300亿日元发展到2000年的3500亿日元左右，年增长率为30%左右。

(二) 国内发展前景

1984年，中国农业大学开始进行生态农业和有机食品的研究和开发。1988年，国家环保局南京环科所开始进行有机食品的科研工作，并成为国际有机农业运动联盟的会员。1994年10月，国家环保局正式成立有机食品发展中心，我国的有机食品开发走向正规化。1990年，浙江省茶叶进出口公司开发的有机茶第一次出口到荷兰；1994年，辽宁省开发的有机大豆出口到日本。从此以后，我国各地陆续发展了众多的有机食品基地，在东北三省及云南、江西等地区，有机农业发展得比较快。近几年来，已有许多外贸公司联合生产基地进行了多种产品的开发，如有机豆类、花生、茶叶、葵花子、蜂蜜等。目前绝大部分有机食品已出口到欧洲、美国、日本等国家和地区。从总体情况来看，我国有机食品的生产仍处于起步阶段，生产规模较小，且基本上都是面向国际市场，国内市场几乎为零。

中国发展有机农业有着众多优势和广阔的发展前景。我国有着历史悠久的传统农业，在精耕细作、用养结合、地力常新、农牧结合等方面都积累了丰富的经验，这也是有机农业的精髓。有机农业是在传统农业的基础上，依靠现代科学知识，在生物学、生态学、土壤学的科学原理指导下对传统农业反思后的新运用。

三、市场供求分析

(一) 国际市场需求分析

目前，在发达国家，有机食品已占据了重要地位。特别是欧洲，有机食品的生产不仅处于世界领先地位，同时也是全球最大的有机食品消费市场之一。发展中国家的有机食品生产和开发都处于起步阶段，但发展势头很猛。比如南美洲的巴西、智利、秘鲁等国家，因其丰富的自然资源、人力资源的优势、独特的地理气候条件以及传统农业技术，易于发展有机食品产业。

中国有机食品起步比较晚，但发展较快。一是国际上对中国有机产品的需求仍在逐年增加，越来越多的外商想要进口中国的有机食品，如稻米、蔬菜、茶叶、药材、蜂蜜等；二是随着人民生活水平的提高和环保意识的增强，人们会越来越多地接受并消费有机食品。因此，中国有机食品有着巨大的国际市场和潜在的国内市场。

（二）国内市场对有机食品的需求分析

我国从20世纪90年代开始推广有机食品及相关认证，有机食品和有机产品的出口已经成为我国农产品国际贸易的重要组成部分。但国内市场上可见的有机食品品种和数量却非常有限。2005年国内市场销售额为8亿元人民币。有机食品的生产及消费在食品中所占的比例极低。商务部等11部委联合发布的《关于积极推进有机食品产业发展的若干意见》中指出，"中国有机食品占全部食品的市场份额不到0.1%，远远低于2%的世界平均水平"。

可见，国内市场有机食品的有效需求增长缓慢，究其原因，主要有：

（1）**价格因素**：有机食品是食品中较天然、较高质量的一种，其价格高于普通食品30%—50%，甚至3—5倍。这个价格对于目前我国大众消费群体来说过高，因而只能定位于高收入人群中。

（2）**认知因素**：我国原来总的消费水平较低，关注优质农产品信息的人较少。有机食品（相当种类的初级农产品）在我国市场出现已有10多年历史，但因媒体宣传不多，绝大部分消费者对有机食品的认知程度极低。相当部分有消费能力的消费者，由于对有机食品不了解而无从消费，甚至放弃消费，潜在的消费需求无法转化为有效需求。

（3）**信任因素**：有机食品的生产环境如何，生产过程中是否使用农药、化肥、生长激素、化学添加剂、化学色素和防腐剂等物质,是否使用基因工程技术,产品是否具备有机食品应有的安全、优质、营养等属性……对于这些问题,消费者在缺乏完全了解的情况下,自然不敢完全信任有机食品,也就谈不上消费。

然而,随着有机食品知识的普及以及有机食品认证管理办法的实施,国内的有机食品管理、生产、销售等各环节会逐渐规范。由中国社科院在全国范围内调查发布的一项报告表明,有52.2%的受访者表示接受有机食品的观念,专家预计,未来3~5年,中国有机食品销售量年增长率不会低于30%。

国际、国内市场对有机食品的巨大需求以及有机食品潜在的增长动力,为我国有机食品的发展提供了很好的契机。随着民众生活水平的提高,人们对食品安全也将提出越来越高的要求,这为有机食品的发展提供了广阔的空间。

《快餐王国》改写美国食品安全史

在美国,一本《快餐王国》的出版,揭示出食品大工业化生产的种种弊端。快餐文化成为美国文化的代表,美国人90%以上的食品开支花在购买加工过的食品上。在美国,看似简单的"吃什么"问题背后,隐藏着巨大的利益博弈。快餐食品的低价完全不反映真实成本,它将健康、环境和廉价劳工的成本都外在化,转而由整个社会来承担。由此带来的肥胖和各种心血管疾病给公众健康带来了很大挑战,使美国公共医疗和保险体系不堪重负。快餐食品在为商家和顾客提供方便的同时,也让卫生及福利部门承受的却越来越多。羊毛出在羊身上,快餐业无疑对消费者本人和公共开支造成了很大的负担。

《快餐王国》的出版,引发了美国公众对食品安全和快餐文化的深刻反思。近年来,日益普及的有机食品风潮,正在引导着美国公众向更健康的饮食结构转变,推动美国的食品安全迈上更高台阶。

台湾饮食消费风潮悄然生变

在台湾,现在买一包米,不如以前打通电话请米行送两斤来那么容易了。

走进卖场,得先考虑要富里米还是池上米,再考究今天想吃台梗九号充满韧度的米,还是品尝益全香米的浓郁香味;有的米袋上还标注是禾鸭或是禾鱼的种植法。如果精明一点,还可以认准三年冠军米王邱垂昌的个人品牌。

吃顿饭,也不是哪儿都吃到一样的威灵顿牛排、和风咖喱了。坐下来翻开菜单,晚餐吃的是屏东大麦猪炖肉,配上雾峰高丽菜、拉拉山水蜜桃,还有冲绳黑糖和七股洋香瓜做成的饭后甜点。菜名越拉越长,填满一个个标注食材源头的身份证。

送礼,大概也不如过去去百货买份瓷器或者送幅画那么容易解决。现在流行的是送还没有收成就被订购一空的玉荷包或者台南老欉文旦,或者三峡绿竹笋。

对食材来源考究的"产地论",正变成新的饮食消费风潮。

"关键字是:产区、庄园、农场、品种、种植法、达人、等级、年份",美食家叶怡兰说,"你会发现这些事情我们已经耳熟能详,不只是少数美食菁英在追求。"

是对层出不穷的食品安全议题无法忍受,是对大量生产破坏环境开始反思,是对过分充裕而觉得食物淡而无味的重省,当量重于质的年代到达极致,现在的人要求返璞归真,要求简单、原始、真实。

附录 2：公司发展规划

本项目计划以初级农产品加工为基础，不断深入挖掘和扩展有机农产品的市场空间，项目的长远发展设想如附图 1-1 所示。

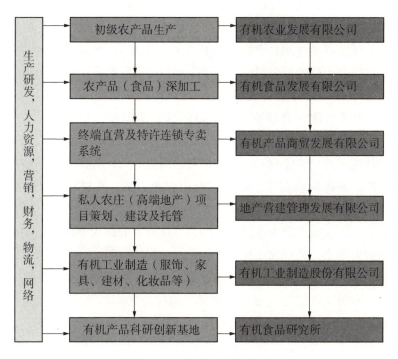

附图 1-1 ZZY 公司发展规划

初级农产品生产：初级农产品生产立足于有机蔬果和禽畜类的初级产品的生产，鉴于国内市场无法完全消化企业的过剩生产能力，五年内以开拓国际市场为主，在国际市场实现销售 70%，在国内市场实现销售 30%。国内市场的有机食品消费者属于高端顾客，需要慢慢培育，随着人均可支配收入的提高，五年后销售市场主力回归国内市场。有机产品在欧美的市场需求大，在开拓国际市场时，关键要解决的是产品外销的运输保鲜问题。为了保持其口感和味道，需要设法延长保质期，目前主要采用有机速冻蔬菜或是有机冻干生鲜蔬菜的方式。开拓国内市场，注意力则放在消费群体的培育以及品牌知名度的提升等。

农产品（食品）深加工：食品的深加工阶段是项目发展的第二个阶段，也是农产品发展的必然阶段，初级农产品必然发展到深加工。通过将原料做成酱料、果脯、速食蔬菜等，把生鲜的保鲜与防腐结合起来，能拉长保质期、上架期限以及销售距离。另外通过深加工能够极大地提升农产品的附加价值。

终端直营及特许连锁专卖系统：本系统代表了公司未来的销售方式，目前有机食品的销售主要依靠大卖场、大超市和生鲜超市。在公司品牌知名度提高、市场逐渐成熟后，要发展自己的专卖系统和组建物流公司。今后要发展自有品牌的店中店（由大卖场引导），建立小型社区店，为消费者提供便利。

私人农庄（高端地产）项目策划、建设及托管：私人农庄项目迎合了部分高收入人士购置高档物业的需求，满足了人们渴望休闲观光、放松身心、重归田园的理想心理。具体来说，就是在双向选择的前提下，本公司做出置业方案，再进行设计与建设。除了地产内容外，私人农庄还包括有机农业的配置。自给自足之外的农业产出由本公司收购，并在日常的私人农庄管理中输出智力资本，进行农庄托管。此为本项目的创新之处，冲破了地理概念，提高了集团公司的附加值，增加了利润增长点。

有机工业制造（服饰、家具、建材、化妆品等）：有机工业制造是在全球气候恶化，地球资源和能源日益紧缺的情况下，走有机路线的新选择。国际上已经逐渐开始了研发，服装的新面料产品已经在销售。我们准备紧跟国际前沿发展趋势，未雨绸缪，为将来公司上市打下良好的基础。

有机产品科研创新基地：有机农业的发展必然同时有科研创新的伴随，在公司原有技术人员的基础上，基地还会引进农业研究人员，或者和高校联合，不断创新，引进新品种和新力量，联合全国其他有机农业基地，争做行业标准的制定者和起草者。

案例二：龙润集团品牌战略管理

李光明　杨树青等

摘　要：本案例以我国知名的民营企业——龙润集团公司（以下简称为龙润集团或龙润）为研究对象，探讨其创立以来业务拓展过程中的品牌管理问题。案例主要对龙润集团实施全方位品牌管理的背景、公司品牌战略规划以及公司品牌战略实施的成功要素进行了调查和分析。

关键词：龙润集团；品牌战略；品牌管理

引言

近年来，品牌战略管理正逐渐成为企业组织战略和营销战略的重要组成部分。对于多元化经营的企业而言，公司品牌更是战略重点。2008年的金融风暴席卷全球，给我国出口导向型民营企业带来毁灭性的冲击，使得我国企业管理人员清楚地认识到不能总是依赖简单的低成本优势参与国际竞争，品牌才是竞争的制高点。但是，品牌有层级之分。美国的戴维·阿克（David A. Aaker）在其"品牌三部曲"之一的《创建强势品牌》一书中指出，品牌识别存在四种不同的视角，分别是作为产品的品牌（产品品牌）、作为组织的品牌（公司品牌）、作为个人的品牌（品牌个性）和作为符号的品牌（品牌象征意义）。很多公司早期的品牌战略，并未进行层级区分，从形式和内容来看，他们更多注重的是强大的产品品牌的建立。实际上，公司品牌在品牌层级中是占主导地位的，同样需要企业的关注与投资。

本案例以我国知名民营企业——龙润集团为分析对象，研究进行多元化经营的民营企业如何在有中国特色的社会主义市场环境下建立强大的公司品牌和产品品牌，探讨中国传统特色产品如何建立自己的品牌。

一、龙润集团背景介绍

（一）龙润集团简介

龙润集团是一家集药业、酒业、茶业、担保、教育、地产、矿业、医院、药品经营、文化传播于一体的国际化企业。其组织结构图如图2-1所示。在各级党和政府的关爱和支持下，公司积极、健康地迅速发展。

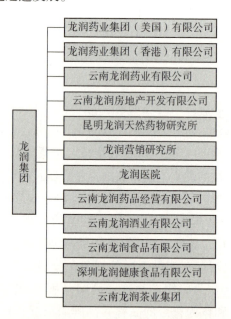

图2-1 龙润集团公司的组织结构图

龙润集团始终坚持"名产品、名企业、名老总"的"三名"效应。龙润集团的缔造者焦家良博士所创建的盘龙云海药业集团率先在中国掀起了排毒旋风,并让"排毒养颜胶囊"走红大江南北,连续畅销14年;创办的香港龙发制药集团在香港联合交易所主板上市;在美国创办的LongStar集团,其产品行销欧美国家。

素有"植物王国""有色金属王国"和"中草药王国"之称的云南,为龙润集团提供了丰富的资源。在新药研发上,龙润集团与国内外科研机构合作,建立科研基地,研制出戒断毒瘾的药物"克毒宁胶囊",主治肾虚、失眠、腰酸的植物药"生力胶囊",第四代抗真菌国家二类新药"孚答静"。龙润集团将药品和健康产品推向全球20多个国家和地区,营销网络遍布中国的26万个零售终端,为龙润全面实施多板块国际化运作的战略迈出了坚实的一步。

2003年10月,龙润集团成功收购了有50年历史的楚雄雁塔药业,一举拥有了156个国药准字号产品。

2004年10月,龙润集团收购了具有124年历史的杨林肥酒厂(始创于光绪六年),把凝聚了几代云南人情感的杨林肥酒提升为"云南绿酒",力图争创"世界绿酒第一品牌"。

2005年8月,龙润集团打造普洱茶产业,与200多万茶农建立了"企业+茶农+基地+市场"的产业链,成立担保公司,为茶农贷款担保,进行金融创新实践,并与云南农业大学合作创建了世界上第一所普洱茶学院和研究院。

龙润茶产业发展秉承"双健康理论",即维护地球的健康,维护人类的健康。龙润茶业集团严格按照QS质量体系标准兴建凤庆龙润茶厂,改建云县天龙茶厂、昌宁茶厂等多家国营老茶厂,用做药的理念,经"86道质量把关"生产高品质茶产品。龙润茶业掀起了一场普洱茶革命,在保护传统普洱茶的同时,独创性地研发出了即溶普洱茶系列产品,使一种健康饮品迅速与国际接轨。

2006年,龙润集团进军房地产领域,以"健康房,龙润造"的全新开发理念,将健康住房的观念融入人们的生活方式中。同年,龙润集团进军矿业,参与到地下资源的开发和利用,大力发展循环经济,携手推进全球矿业的繁荣和可持续发展。

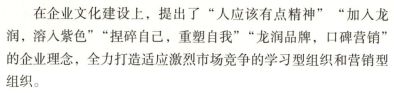

在企业文化建设上，提出了"人应该有点精神""加入龙润，溶入紫色""捏碎自己，重塑自我""龙润品牌，口碑营销"的企业理念，全力打造适应激烈市场竞争的学习型组织和营销型组织。

龙润，"以润泽天下苍生为己任"的国际化企业，从诞生的那天起，就开始为人类的健康和社会的发展不停地奔跑。

（二）领军人物介绍

龙润集团董事局主席焦家良，同时也是云南盘龙云海药业集团股份有限公司董事长、香港龙发制药集团董事局主席、美国LongStar集团董事长。焦家良的人生是不断超越的人生，他完成了从贫瘠山村的农家少年到26岁的省卫生厅处级干部，从富于幻想的青年作家到脚踏实地进而走出国门的企业家，从药学专业的中专生到企业管理的博士生等一次次人生和事业的超越。

焦家良白手起家，创办了以药业为龙头，集药材种植、药品研发、生产和销售于一体，致力于中医药发展的知名企业——盘龙云海药业集团，率先在中国掀起了排毒旋风，并让"排毒养颜胶囊"走红大江南北。他缔造了一个管理现代、理念超前、结构科学的国际化企业——龙润集团，涉及药业、酒业、茶业、担保、教育、地产、矿业、医院、文化传播等多个板块。他用三年的时间创办香港龙发制药集团，并成功在香港联合交易所主板上市，同时创建了享誉海外的美国LongStar集团，产品进入欧美国家。他成功收购了在云南久负盛名的国有楚雄州制药厂和有124年历史的杨林肥酒，并使之焕发生机。他带动茶农脱贫致富，严格按照QS质量体系标准改建云县天龙茶厂、昌宁茶厂等多家国营老茶厂，新建凤庆龙润茶厂，并借助资本市场的运作把龙润普洱茶做大、做强，把健康、优质的龙润普洱茶系列产品推广到海内外市场。他还创建了世界上第一所普洱茶学院——云南农业大学龙润普洱茶学院和云南普洱茶研究院，填补了普洱茶文化的高等科研教育及专业技术人才培养的空白。

焦家良带领龙润集团及舰队企业打造了优秀的产品群：排毒

养颜胶囊、生力胶囊、云南绿酒、龙润普洱茶等远销海外的产品;戒毒史上取得重大突破的"克毒宁胶囊",为吸毒患者带来福音。同时焦家良著有《管道理论》《口碑营销》《交叉销售》《普洱茶道》等多部专著,在《当代经济管理》《国家行政学院学报》《管理评论》上分别发表了题为《跨国制药公司发展新特点及对策研究》《社会中介组织发展中的问题与对策研究》(该论文后被《新华文摘》2006年第6期全文转载,并选编入中共中央内参)和《非营利机构服务传递与感知中的信息滞后分析》的论文。

焦家良现为中共中央党校客座教授,云南省政协委员,中国投资协会农业与农村投资专业委员会副会长,中国人民大学兼职教授,北京师范大学资源学院建设与发展指导委员会委员,阿拉善SEE生态协会执行理事,中国经济50人论坛企业家理事,中国青年企业家协会副会长,中华全国青年联合会常委,云南省青年联合会副主席,云南省工商联副会长,云南省茶业协会副会长,云南省作家协会会员;他荣获全国"2004年十大聚人气企业家""2004年云南最具影响力企业家""2004年云南财经风云人物""创世纪(2001—2005)十大领袖滇商""云南十大最具创新能力企业家""楚雄州第七届劳动模范"、第三届十大"中国青年创业奖"等多项荣誉。

龙润集团的总裁范源,作为主任医师、教授,曾经在临床、教学、科研等方面有卓越贡献,是云南省最年轻的学科带头人,并当选"云南十大杰出青年"。

正是有了这样的领头人,才有了龙润集团非凡的成就。

二、品牌战略实施背景

(一)环境的变革

龙润集团的高管们深知品牌的重要性以及创建品牌的基本理论和规律,他们明白对于龙润的多板块、跨行业经营,品牌无疑可以起到统领性的战略作用。因为品牌是一种错综复杂的象征，是品牌属性、名称、包装、价格、历史、信誉、广告等多种信息的无形总称。品牌也是消费者对产品的印象，因自身的经验而有所界定。产品是工厂生产的东西，品牌是消费者所购买的东西；产品可以被竞争者模仿，品牌则是独一无二的；产品极易过时落伍，成功的品牌却能持久不坠，品牌的价值将长期影响企业。在营销中，品牌是唤起消费者重复消费的原始动力，是消费市场上的灵魂。在国际经济、社会、文化环境的综合影响下，注重"品牌管理"正在成为一种时尚。

在此背景下，焦家良和范源等高管们深入调查和分析了公司进行品牌战略管理所面临的重大环境变化。

（1）媒体的变化：观众和读者在减少；新媒体的日益发展；中小媒体的出现；有线电视网的普及；互联网的快速发展。

（2）消费者的变化：消费者需求增加；消费者变得更加挑剔；消费者更喜欢寻求娱乐和刺激；消费者也学会了讨价还价和比较；消费者的需求层次增加，消费习惯发生变化。

（3）市场环境的变化：竞争更加剧烈；产品和质量的差异减少；恶性竞争的恶果；品牌的求异战略受到挑战；产品的可替代性增强；国际品牌的冲击。

（4）企业本身的变化：产品的创新受到挑战；人才的流动性加大；组织结构面临挑战；企业文化的障碍；资金不足的烦恼；市场的分裂和不稳定性等。

面对龙润集团公司内外部环境发生的明显变化，集团公司管理者形成了一致的看法：在未来，没有品牌的产品或服务很难有长久生存的空间，只有成功的品牌管理才有持续成长的企业和辉煌的未来。

（二）全方位品牌管理：公司品牌 + 产品品牌

龙润作为一个大型的跨行业国际化企业，在品牌战略管理中，集团公司、子公司、产品品类以及单个产品项目之间的关系如何？怎样进行有效的组织以建立强大的品牌呢？龙润的品牌战略管理还能走传统品牌战略之路吗？有没有一个更加适合龙润的品牌之路？面对这些问题，龙润高层管理者进行了调研、思考和讨论，进而得出如下结论。

首先，进行品牌层级的区分，并确定将公司品牌作为战略重点。在龙润的调研过程中，一些重要的二手资料给予高管们进行品牌战略管理至关重要的启示。一个是由美国市场调研公司哈里斯互动（Harris Interactive）负责的每年一度的公司声誉系数（Reputation Quotient）调研，资料表明，消费者购买意向、推荐购买及投资选择均与良好的公司品牌之间存在显著的相关关系。二是全球著名品牌评估机构 Interbrand 研究发现，与其他公司相比，拥有强势公司品牌的公司，其股票价格在牛市中能多涨5%～7%，而在熊市中则能比较抗跌。① 结合其他资料，龙润高管们得出了一个重要结论，品牌是有层级之分的，在品牌层级中，公司品牌占据主导地位，位于品牌层级的顶端；其次是族系品牌（Family Brand）；再次是产品品牌（Product Brand）。这种区分为龙润集团提供了重要的指导：首先，理清了集团公司、子公司、产品品类以及单个产品项目之间的关系，从而找出它们中谁才是品牌战略投资的重点。由于集团公司资源有限，品牌层级突出了企业不同层级品牌之间主次缓急的差异，从而有利于资源的选择性集中投入；其次，有助于集团公司清晰地规划品牌战略，进行有效的长期品牌管理。在此基础上，集团高管们达成共识：公司品牌在品牌战略中居主导地位，在集团跨行业品牌战略中起着统筹的作用。

其次，要进行"全方位的品牌管理"。董事局主席焦家良博士认为：公司品牌的重心在于组织及其属性，而产品品牌则聚焦于具体的产品或服务；公司品牌战略起着统筹作用，产品品牌则是基石。目前传统的产品品牌正受到许多冲击和威胁，如成本攀升，顾客品牌忠诚度减弱，部分零售商已经开始利用自有品牌与传统品牌进行竞争，等等。一些观察家甚至预测传统品牌即将没

---

① 资料来源：Jeffrey Parkhurst. Leveraging Brand to Generate Value: From Ideas to Assets [M]. New York: John Wiley & Sons, 2002.

落。然而，品牌并不会消失，改变的只是品牌的概念和管理模式。卓越的产品品牌不是一个标识，而是一套精心设计的业务系统，其范围包括从最初的原材料选择到最终的用户服务。从某种意义上来说，消费者所购买的不是产品，而是一个完整的产品体系。推行有效的品牌管理需要在价值链的各个环节做出决策并付诸行动，这种新的品牌管理方法就是"全方位品牌管理"，它涉及整个企业集团、各个子公司、各职能部门，并贯穿在企业的整个业务流程当中。经过高管们多次会议的讨论，他们提出龙润集团推行"全方位品牌管理"需要注意以下三点。

一是运用相关品牌发挥协同效应。龙润是一个跨行业集团公司，不能只关注某个品牌，还必须注重同一系列品牌之间的相互关联及影响。龙润集团的高管们认识到，品牌之间的关联性是全方位品牌管理的关键成功要素，把一些毫无关联的品牌拼凑在一起不但无济于事，而且会增加运营成本、破坏业务流程，甚至造成资源的重复配置和浪费。

二是利用创新使品牌焕发生机。龙润集团董事局主席焦家良博士认为，在环境急剧变化的情况下，企业需要不断地进行创新，而品牌的创新方式有"品牌再定位""品牌延伸"等。

三是密切与消费者的关系。通过分析环境变化，龙润的高管们预测，未来消费者会越来越关注长期服务关系所带来的保障和稳定。这就要求龙润必须时刻反省、改善自己的产品或服务。

这些重要结论使得龙润集团的品牌战略管理架构轮廓初现，品牌管理被提升至战略高度，龙润的整体业务规划也得以进一步进行。所以，龙润的品牌经理的工作必然会成为跨部门、具有战略意义的工作；品牌管理者必须在价值链的每一个环节做出抉择，而不能只关注市场和销售两个方面。

三、龙润集团的品牌战略规划

龙润集团将品牌战略规划按照品牌层级在职权、影响的对象等方面进行区分：首先，公司品牌的创建和管理是集团公司总部 CEO 的首要责任，而产品品牌则主要由品牌经理负责；其次，公司品牌潜在地影响的是多类利益相关者群体，而产品品牌则主要聚焦于消费者；再次，公司品牌直接源于组织体系以及组织与多类利益相关者群体的沟通，而产品品牌则主要源于具体产品或服务。这种区分有利于职责权利的明确。以此为基础，集团公司主要负责公司品牌战略规划，即 CIS 的建立与产品品牌管理制度的建立；而产品经理则在相应的制度和指导下进行具体产品品牌的运作。

（一）品牌战略规划之 CIS 的建立

公司品牌有两个核心概念，即公司形象和公司联想。最早关于消费者对公司认知的概念，可以追溯到 20 世纪 30 年代的"公司识别系统"（Corporate Identity System，CIS），当时美国 Lord & Taylor 和 Steuben Glass 等公司率先提出了这一概念。这些公司之所以提出 CIS 概念，目的在于促使公司能够通过各类媒介向消费者传递"统一、完整"的公司形象（如公司 LOGO、公司名称等），以便于消费者辨识。因此，CIS 是企业选择让所有公众（社区、消费者、员工、股东等）识别自己的方式的总和。CIS 是企业通过各种沟通手段试图达到的品牌预期状态，是企业预期传递的组织特征的总和。因此，龙润集团也进行了相应的 CIS 的规划与设计。

公司识别系统由三大部分组成：视觉识别系统（Visual Identity System，VIS）、理念识别系统（Mind Identity System，MIS）、行为识别系统（Behavior Identity System，BIS）。龙润集团的品牌管理战略基本上覆盖了这三大部分的主要内容。

图 2-2　龙润集团的品牌标识

1. 龙润集团的视觉识别系统（VIS）

龙润集团的标识（如图 2-2 所示）结合了民族性和世界性。"龙"是中华民族的图腾和象征，"润"则寓意甘霖；而英文的 LongRun 则是长跑、长期经营之意，表达了龙润人持之以恒的信心。

（1）两条从祥云中升起的巨龙、一条象征传统的中医药文化，另一条象征龙润人振兴中医药、服务人类的远大理想和志向。龙是一种超自然力量的象征，寓意为民造福。

（2）"云彩"形如莲花，大吉大利，此"云彩"是祥云，亦是秀水，都是龙的故乡，龙受其恩泽，可遨游九天，普降甘霖。

（3）两条巨龙托起的都是人类健康的希望，形如朝阳，预示着中医药文化如旭日东升，必将造福世界。

（4）图案底色为紫色。紫色乃颜色的最高境界，寓"紫气东来"之意。

（5）图案整体外形为一个圆形，如宇宙，包育万物，统领群英，可让巨龙汲取天地精华，自由翱翔。同时，"圆"为永远循环着的终点和起点，象征永不停息。

（5）"LongRun"既是"龙润"的汉语拼音，又有英语"长远、长久、长期"之意。

（6）"龙润"二字辑自中国最伟大的书法家王羲之墨宝，是中国书道中的极品，象征着龙润人携中华之精髓而行天下，底气泱泱。

2. 龙润集团的理念识别系统（MIS）

龙润的宗旨：为人类健康服务。

龙润人的使命：润泽天下苍生，为人类健康服务，是龙润人共同的生命理想，是龙润人终身追求的目标。

龙润人的精神：
- 人应该有点精神
- 加入龙润，溶入紫色

- 捏碎自己，重塑自我
- 龙润品牌，口碑营销
- 一身正气做人，一身正气做事
- 相互欣赏，共同塑造
- 速度征战市场，细节决定成败

龙润双健康理论：维护地球的健康和人类的健康。

龙润哲学：管道理论。管道理论是龙润集团董事局主席焦家良博士所提出的。它的基本含义是：世界是一个管道的世界。管道是我们生命和意识的最基本也最主要的组成物质。作为物质的我们，通过双向的管道得以确定自己在物质世界中的地位和价值，而通过维护管道的畅通则使我们的生命得以保持强劲的生命力。

龙润管理理念：制度企业下的人本主义管理，将"数据宗教"贯穿到龙润的所有经营管理当中。

龙润在管理上首先要求以制度为准则，规范管理。制度企业的含义是：产权清晰、责权明确、政企分开、管理科学的独立法人实体。在这样的企业中，是人适应职位，而不是职位适应人，尊重制度权威，而不是单纯的个人权威。

同时，企业以儒家人本主义作为运用典章制度的指导思想，倡导儒家的仁、义、礼、智、信思想。一方面用制度作镜子，让员工修身自律，勿因小利而铤而走险；另一方面用制度作后盾，鼓励员工充分发展，企业就是员工才能发挥的理想舞台。

龙润的每一个员工首先要有三颗心，即信心、忠心、恒心；员工之间要相互欣赏、相互学习，形成一个和谐温馨的氛围；在个人与集体关系的处理上，坚决以个人利益服从集体利益，以眼前利益服从长远利益。

龙润在管理上要把对数据的应用和重视提升到"宗教"的高度，把"数据之美"上升到"数据宗教"的高度上来，并将"数据宗教"贯穿到龙润的所有经营管理当中。一切用数据说话，用数据沟通，用数据汇报，用数据提升自己，用数据构建自己的事业，用数据构建龙润的百年基业。

3. 龙润集团的行为识别系统（BIS）

龙润人的传统：龙润集团在从小到大的过程中，逐步形成了"艰苦奋斗、自强不息、纪律严明、团结协作、文明向上、真诚重义、高效快速、励精图治、争创第一"的公司传统。这一传统的形成与企业倡导的"部队、学校、家庭"的管理思想密切相关。龙润集团在发展过程中，将企业作为一个部队来管理，强调培养员工的集体观，体现一种纪律严明的群体精神，塑造励精图治、真诚重义、争创第一的工作作风；而把企业当成一所学校，目的在于让龙润成为培育和造就人才的摇篮；将企业当成一个家庭，努力在成员与成员之间形成一种和谐、温馨的氛围，从而培养员工团结协作、真诚重义的品质。这种管理思想下培养起来的种种品质，最终形成了龙润的一种宝贵传统。

龙润人的行为其实已经贯穿到整个企业管理的流程中，在研发、生产、管理、营销等各个职能活动中，我们可以体会到龙润的行为识别系统。后文将对龙润的企业管理尤其是品牌管理活动进行详细阐述并举例说明，此处不再赘述。

4. 族系品牌 CIS 的建立

在集团公司品牌 CIS 的统筹下，龙润旗下的龙润药业、龙润茶业、龙润矿业、龙润地产等子公司都制定了各自的 CIS，并确定了各自的经营理念①：

- 龙润药业：为人类健康服务
- 龙润普洱：健康，品味
- 龙润矿业：健康，环保
- 龙润地产：健康房，龙润造

从这些理念很容易看出，它们都贯彻了集团公司的 MIS：润泽天下苍生，为人类健康服务。每一个下属族系（品类）品牌都特别强调健康，而产品品牌也同样遵循了族系品牌的理念，从

---

① 由于龙润集团经营的复杂性，本案例只是将各个族系品牌的理念作为例子来说明集团的公司品牌、族系品牌、产品品牌之间的协同。

而形成一个协同的龙润品牌体系。

在龙润集团公司的网站上,有各个族系品牌的网站链接,也有各个族系品牌新推出的产品品牌的展示,而族系品牌的网站上同样有龙润集团的 LOGO 和集团总体架构的介绍等,甚至包括领军人物焦家良博士的介绍。因此可见,龙润集团的公司品牌、族系品牌和产品品牌形成了一个协同、互动的整体。

(二) 品牌管理体系的建立

按照品牌管理的基本原则,企业需要建立一套品牌管理的体系。这个体系是品牌管理工作开展的基本保障,其中包括各职能的作业流程、制度规范、品牌管理职能的工作要点等。龙润集团的管理层非常重视品牌管理工作,将品牌管理的三大职能和三大关系作为管理重点,级级培训、层层落实,确保了品牌管理工作的全方位展开和实施。

1. 品牌管理的三大职能

明资源——首先要明确公司的资源现状以及获取外部资源的能力,包括人力资源、财力、物力、技术、创新力、核心竞争力、生产工艺、成本、企业文化建设等各个环节的企业现状,明确公司资源相对于竞争者而言的核心资源区域所在;明确以龙润现状可获取的外部资源,包括可选择的外部合作伙伴的范畴(调研公司、广告公司、咨询企业等外脑的实力和服务素质,品牌合作企业等),可获得的政府资源等,从而依据企业的实际,制定出着实有效的品牌发展规划。

妥协调——焦家良博士认为,从营销链的视角来看,品牌管理不仅要搭建外部营销平台,同时也要搭建内部营销平台。外部营销平台是实现品牌与目标市场的沟通,内部营销平台则是协调销售、生产、采购、人力资源等部门在品牌管理的框架下展开工作。龙润必须通过协调各项职能来实现以品牌为核心的企业内部作业规范,促进以品牌为核心的企业经营理念的落实。

善经营——龙润公司高管们还明确,公司必须制定品牌战略规划，并通过战术实施促进品牌成长。从经营战略上讲，龙润要巩固各个品牌在消费者心目中的长期地位，必须通过市场研究及企业资源整合运用制定相应的营销组合、营销策略等以实现品牌的稳定成长。

2. 品牌管理的三大关系

龙润集团的管理者们认为，品牌战略管理需要处理三大关系：与消费者的沟通关系、与竞争者的竞合关系、与合作者的合作关系。第一种关系的处理是产品品牌经理的职责范畴，而后两种则是公司 CEO 的职责范畴。

沟通关系——龙润品牌管理的目标是通过研究明确目标消费者的需求所在，依据总体战略规划，通过广告宣传、公关活动等推广手段，实现目标消费者对品牌的深度了解，在消费者的心目中建立品牌地位，促进他们对品牌的忠诚。

竞合关系——龙润集团的管理者们认为，竞争的核心并非是对抗，而是根据市场的实际、竞争者在市场中的地位、竞争者的态度等建立相应的竞争和合作关系。

合作关系——龙润通过企业内部各职能部门的共同努力建立与各个合作者的良好合作关系，合作者包括服务于企业的相关单位，如咨询、广告、调研、策划等企业外脑，以及企业服务的单位，包括渠道代理商、经销商，上游的供应商等。此外，还包括品牌合作者、业务合作者等。

3. 品牌管理人员的工作职责

龙润针对不同的产品品牌，设立专项品牌经理进行品牌管理，依据品牌管理的三大基本职能，将品牌管理人员的具体工作职责定为研究、规划、实施、协调和检讨。

（1）研究。龙润将品牌研究分为战略层面和业务层面两部分。一方面，龙润的品牌经理必须对影响品牌成长的外部经济环境、产业环境、竞争环境、政策、社会人文等展开研究。另一方面，他们还要对具体业务开展的竞争动态、顾客需求进行研究。由于具体的市场调查工作由专业人员来完成，因此，品牌管理经理的工作在于明确调查对象、调查目标、调查时间等，并结合工作实际对调查结果深入剖析以作为制定相关策略的依据。

此外，龙润集团规定，品牌管理人员也需要亲自到市场中去感知市场的变化，感受顾客的需求。集团董事局主席焦家良认为，品牌定位是承诺对于哪些人提供哪些产品或服务，研究是品牌定位的基础，而品牌定位又是品牌规划的先决条件，对于没有明确定位或定位不当的品牌，品牌管理人员需要根据研究的成果对品牌进行定位或重新定位。

（2）规划。龙润将品牌规划分为两个部分：品牌形象规划和品牌发展规划。品牌形象规划，即以市场研究及品牌策略为基础，创建、维护品牌形象，具体包括建立品牌名称、品牌标识、品牌视觉及理念识别体系、品牌口号，发掘品牌历史和故事等，并要维护品牌形象的一致性，以免造成品牌定位认知的模糊。

品牌发展规划，即对品牌与顾客、社会利益群体沟通的对象、时间、方式和目标进行预想，这也是对龙润品牌的培育计划，具体包含长期规划和短期规划。长期规划是根据公司的经营战略规划制定品牌长期的发展计划，是项目整体运作过程中及运作之后关于品牌发展的总蓝图。就业务层面而言，发展规划更注重于短期规划，包括年度计划、季度计划、月度计划和动态计划或按照项目开展的周期确定不同运作阶段的阶段性品牌传播计划。龙润的品牌经理首先要负责制定全年或全阶段的整体计划，其次还要将总的阶段再划分为不同的小的阶段，制定分阶段的品牌发展计划。在具体执行过程中，品牌经理可以根据市场的动态变化制定一些应变的计划及方案等。龙润集团的总裁范源认为，品牌规划是以整体的战略或策略为依托，实现与目标对象的长期、立体的沟通关系。其基本逻辑体系是：背景环境及数据分析—达成目标—策略生成—用于实现策略和目标的实施方案—方案实施效果预估—方案实施及效果评价。

（3）实施。除了品牌研究和规划以外，龙润各个品牌经理还要负责品牌管理工作具体方案的实施，包括广告、媒体、公关活动、销售促进、品牌联合、形象设计等，其中有些需要品牌管理人员具体实施，有些则需要组织协调多个部门配合进行，有些则由品牌管理人员主要负责实施中的监管,目标是要保障各项工作有效执行,使规划的理想能有效着陆,从而达到品牌规划所预期的效果。

(4)协调。各个品牌经理要负责协调公司内部、外部相关职能人员的工作,以促进相关人员了解品牌管理工作的进展,协调各方在品牌管理的框架内履行各自职责。具体包括部门内部的市场调研、促销执行、媒体职能人员等,公司内部的上级主管、销售、生产储运、采购、财务人员等,公司外部与工作相关的职能单位等。

(5)检讨。对于品牌实施过程中的各项工作及方案,品牌经理必须进行定期、不定期的检讨。检讨有两种方式:一是自省,通过例行的工作检查,对实施的过程及结果进行评价,如果出现偏差应及时提出矫正方案;二是来自外部同僚及上级的批评意见和建议。

四、龙润品牌战略成功实施之关键因素——以龙润茶为例[①]

品牌管理是个复杂的、科学的过程,不可以省略任何一个环节。当然,龙润品牌战略要想获得成功也必须明确个中的关键要素,走符合自身特色的品牌之路。经过公司管理者们的调研和讨论,龙润明确了品牌成功关键在于两个方面:一是创新,二是关系。围绕这两个重点,龙润进行了具有自身特色的品牌战略管理之路。

---

① 由于龙润集团是一个涉足多个领域的多元化经营的企业集团,其品牌战略实施过程十分复杂和庞大,本案例主要根据调研资料对品牌实施过程中的关键要素做些许总结,并以龙润茶为例进行说明。

（一）多层次创新，把握消费者需求变化

龙润集团董事局主席焦家良在接受《中国青年报》记者采访时，说过这样一句话，"如果没有创新，千千万万家企业中多出你一家来，你怎么可能会成功呢？"作为云南本土民营企业，龙润集团立足健康事业，借助云南省优势资源，经过多年的努力，现已发展成为一个涉足药业、酒业、茶业等多领域的国际化企业。

1. 经营模式创新

龙润集团创建初期是一家以药业为龙头的企业。2005 年，龙润集团大举进军普洱茶产业，并与临沧市 165 万茶农建立了"企业＋茶农＋基地＋市场"的产业链，带动茶农脱贫致富；先后收购云县天龙、昌宁等多家国营茶厂，把健康、优质的龙润普洱茶系列产品推广到海内外市场。此后，龙润集团不断在经营模式与管理体系上进行创新。2006 年，成立担保公司，为茶农向银行贷款提供担保，茶农得以用贷款提高生产水平，扩大种植面积，最终大幅度增加茶农收入。"龙头企业＋担保公司＋银行＋农户"的普洱茶产业发展模式在龙润和推动下正式启动。目前，龙润集团中国区的营销指挥中心设在上海，营销研究中心设在北京，遍布全国的 20 多万个零售终端造就了富有活力的营销网络。

经营模式创新得到了政府部门的重视、传媒机构的青睐，许多媒体对龙润茶的经营进行了报道和宣传，龙润的品牌知名度也随之得到了大幅度的提升。

2. 科技创新与产品研发

科技创新与产品研发始终是龙润集团提升品牌竞争力的核心战略。龙润集团与国内外科研机构合作，建立科研基地，形成了有效的研发体系。为实施人才培养计划，龙润集团与云南农业大学共同创建了世界上第一所普洱茶学院——云南农业大学龙润普洱茶学院和云南普洱茶研究院。2006 年，龙润普洱茶学院正式

招生，学院结合云南地域、资源、经济特色，以超前的理念开展以普洱茶为载体的专项教育和研究项目，迅速把普洱茶领域富有科学性、权威性的理论平台建立起来，使龙润普洱茶学院成为培养普洱茶专业人才的新平台。

值得关注的技术创新是龙润茶业集团生态茶园基地建设及清洁化生产建设。建立生态茶园的理论依据有以下几点：第一，生态茶园要不断地提高生物圈支持生命的能力；第二，太阳能是取之不尽、用之不竭的永恒的能源，它通过绿色植物的光合作用，将无机物、二氧化碳和水转化为有机的生物能；第三，生态系统中每一次循环，都比前一次循环有所提高和发展，这就是自然界越发展越丰富的依据。只有生态茶园才能维持真正的生态平衡，使茶叶生产得到持续发展。开展生态茶园的研究与实践，加快发展生态茶园，保证普洱茶的持续、快速、健康发展，意义十分重大。

龙润普洱茶的清洁化生产涵盖生产前、生产中、生产后的全过程。抓住茶叶的产地环境、生产过程、贮运流通等多个关键环节进行质量把关，优化和营造良好的普洱茶加工环境，集成和组装精细的加工技术，这一系列措施终促成龙润普洱茶清洁生产的标准化、制度化，使生产出来的茶叶产品都达到清洁、安全、卫生、营养的高标准尺度。21世纪，茶叶生产的根本出路在于清洁化、连续化，茶叶生产企业应按照"食品质量安全市场准入制"要求，分阶段、分步骤全面整改，根据国家质检总局出台的茶叶 QS 认证要求，积极实施《茶食品生产许可证制度》，推广成套名优茶机械，推广清洁化能源、机械，改善加工环境，才能保证并提高茶叶的卫生安全质量水平，实现茶业的可持续发展。龙润茶业以制药的严谨生产茶产品，严把质量关，把健康、优质的龙润普洱茶系列产品推广到海内外，为实现云南茶产业的可持续发展而努力。

药业、酒业、茶业，这些均是与普通老百姓生活需求密切相关的产品，因此，产品的创新和新产品开发也就显得更加重要。龙润集团始终关注消费者的需求变化，并适时地推出创新产品，拉近与消费者的距离。这种新产品开发的战略使得龙润的品牌得以永葆青春，受到消费者的信任。

3. 以创新迎合消费者需求，提升信誉

科技创新成就创业和发展，尝到创新甜头的龙润集团没有放慢科研的脚步，无论投身哪个领域，集团始终不忘科技创新。在经营普洱茶的过程中，龙润运用科技手段，开发出一种像速溶咖啡一样的产品，并设计出普洱奶茶、普洱姜茶等一系列产品。

信誉是品牌的基础。没有信誉的品牌几乎没有办法参与竞争。很多"洋"品牌同中国本土品牌竞争的优势就是信誉。由于"洋"品牌多年来在全球形成的规范管理和经营体系，消费者对其品牌的信任度远超过本土的品牌。本土企业同跨国品牌竞争的起点只能是树立信誉，而不是依靠炒作。要依靠提升管理的水平、团队的素质，提高质量控制的能力、客户满意度的机制来建立信誉。龙润集团始终在研究客户需求的变化，并不断创新出可以满足他们不同需求的有个性化功能的产品或服务。未来的品牌竞争将是靠速度决定胜负。只有在第一时间了解到市场变化和客户消费习惯变化的品牌，才可能以最快的速度调整战略来适应变化的环境并最终占领市场。从这点上来说，龙润集团正是依靠不断的创新建立了卓越的信誉。

（二）借鉴先进的营销模式，与客户建立亲密关系

由于客户需求的动态变化和获取信息的机会不断增加，企业为客户提供个性化和多元化的服务已成为唯一的途径。只有那些同客户建立了紧密的长期关系的品牌才会是最后的胜利者。现实情况表明，国内外的品牌现在都不遗余力地想办法同客户建立直接的联系，并竭力维护客户的忠诚度。

遵循这一法则的企业把精力放在如何为特定客户提供所需的服务上，而不是放在满足整个市场的需求上。它们不在于追求一次性的交易，而是致力于和客户建立长期、稳定的业务关系。只有如此，才可以了解客户独特的需要，也才能满足客户的这种特殊需求。这些企业的信念是：我们了解客户要什么，我们为客户

提供全方位的解决方案和售后支持来实现客户的远景目标。

在普洱茶的市场上，我们就可以看到这样的实例。以龙润茶业集团为代表的新军，正赋予普洱以"快消概念"，并试图将快消行业内多种成熟的操作模式悉数复制到这个传统行业的供销体系中。

1. 敏锐洞察市场机遇

中国茶业流通协会曾公开过一组数据，2007年国内普洱茶的产能有望达到10万吨，而如今国内饮用普洱茶的人数才在4000万人左右①，市场上普洱茶收藏多于消费的现象已经阻碍了普洱茶产业的发展。

国务院发展研究中心产业经济研究部研究室主任杨建龙也表示，普洱茶产业高速增长，应该体现的是消费结构升级而带动行业的快速增长。

龙润集团想要的，就是这样一个机会。2007年8月25～29日，龙润茶业突然花费巨资邀请国内各大茶叶批发市场的大经销商们参观其公司在云南的各大茶叶基地，宣布要进军大流通领域。就在这短短5天的"交流"期间，龙润获得了总计高达500吨的订单，占当年普洱茶产量的50%。

当龙润在2年前宣布要做速溶普洱茶的时候，业界几乎是一面倒的嘘声。而2年之后，竞争者龙生集团成功引入风险投资后最大的战略改变却正是针对快速消费品的。由此可见，龙润集团的营销人员具有敏锐的市场洞察力。

2. 大手笔运作，战略规划性强

龙润的战略规划意图很明显：在市场"冰点"投入大笔资金争夺原料基地；将相对落后的茶叶制作工序工业化，建立可严控产品品质的先进生产流水线；增加茶行业之前少有的研发环节，以新品来全面完善产品线；抓好茶叶深加工环节，深入挖掘

---

① 数据来源：中国证券网 http://www.cnstock.com/gsbd/06gsdt/2007/06/11/content_ 2228750.htm

茶叶类制品潜在的可能更为庞大的消费市场。

龙润茶业投入了近亿元人民币，先后以现金和换股收购的方式购买了具有49年历史的保山市昌宁县茶厂和33年历史的临沧市云县天龙生态茶业有限责任公司，斥巨资对两个工厂按照QS标准进行技术改造，后又在中国第一大产茶县独资设立凤庆龙润茶业有限公司，使集团的年生产加工普洱茶能力在理论数值上达到10000吨。公司还与云南省具有普洱生长优势的临沧市人民政府签订了茶产业合作协议。①

此外，公司还与200万茶农签订收茶合同，签约茶农数量几乎占据了云南茶农的1/3。同时还不断向普洱市、西双版纳、大理下关等具有普洱茶生长优势的原料出产地扩张其生产基地。

要打造茶业一流企业，理论方面的支持不可或缺。为此，龙润茶业集团与云南唯一一所综合性高等农业院校——云南农业大学合作，创办了云南农业大学龙润普洱茶学院及云南普洱茶研究院。这是世界上第一所专业的普洱茶学院、普洱茶研究院。学院以继承和弘扬博大精深的中国传统茶学和茶文化为己任，以继承并发展当今世界有关普洱茶的新知识、新理论和新工艺为目标，立志使其成为培养高素质的茶叶专业研究人员、销售队伍和市场策划人才的基地。这样的大手笔运作为龙润集团进一步完善了研发环节。

3. 综合运用营销策略和资本策略

云南省丰富优良的茶叶资源，在全国至少可以排名前三位，但是云南却没有叫得响的品牌。普洱茶作为地理标志性商标，在国际、国内虽名声大振，但是具体到品牌却令人扼腕。普洱茶存在名气大、品牌小的现象。"安全、卫生、健康"是龙润普洱茶追求的目标，朴素的六个字完全出于企业的责任感，企业要对自己肩负的历史使命负责，也要为消费者的健康负责，没有责任感的企业不是好企业，也难以长久持续地发展。龙润作为一家云南

---

① 资料来源：《再造普洱茶：新玩家抄底入市》，载2007年9月13日《21世纪经济报道》。

企业，凭借企业的责任感进入茶叶种植生产和加工销售市场，希望通过自身努力，把普洱茶产业做大做强。

龙润茶业依托集团在北京、香港和美国等地强大的医学研究能力，借助云南作为世界茶树原产地的地理优势及得天独厚的茶山资源优势，以高素质的员工团队为后盾，力创茶业界一流企业。龙润茶业集团将致力于研究普洱茶的理论、文化，并根据不同市场的需求，精心打造具有自身品牌特色的普洱茶系列产品。

龙润独创了"龙润普洱茶体验馆"，以"体验式学习"来传播普洱茶文化，这种传播方式同时在全国市场和海外市场展开，点、线、面兼顾。茶业公司的营销模式则全部复制了来自饮料等快消品行业的营销手段——在沿用目前国内茶企以专卖店为主销售茶叶的模式的同时，研发推出了即溶普洱茶、迷你小沱茶、特制散装茶、袋泡茶等系列新品。龙润集团还与国际、国内零售巨头达成合作，进入包括家乐福、沃尔玛、华联、物美等各种大小超市和卖场等零售终端。

此外，研发投币式自动饮茶机，与星巴克美国总部讨论合作事宜，像卖咖啡一样售卖普洱茶饮料，等等，都是龙润茶业公司的营销新招。

2009年5月，云南龙润茶集团有限公司日前在香港成功上市（股票代码：2898.HK），成为中国大陆第一家在香港上市的茶业公司。龙润茶业负责资本运作的副总经理卢祥武表示，自龙润茶业成立以来，便一直为上市做准备。龙润集团董事长焦家良博士明白，要与资本对接，最重要的就是市场份额和盈利能力。其实，龙润茶引进"快消概念"，进入批发渠道和零售业，就是为了增加现金流和盈利能力，以达到上市的资本要求。而龙润制药将为龙润集团未来在资本市场上的表现提供成功经验。截至上市之日，龙润茶集团在全国各地开设了120多家普洱茶特许经营连锁品牌专卖店，拥有袋泡茶、速溶茶、方便茶等专利时尚产品，产品涵盖了普洱茶、黑茶、红茶、绿茶等中国六大茶类200多款茶品。龙润茶在香港主板成功上市后，将在福建、浙江、湖南、云南等地进行产业和销售网络布局，而收购国内茶企的动作已经开始启动。龙润将站在一个世界级品牌上做茶叶品牌，这是中国茶叶的新高度、新起点，必将造就中国茶叶第一品牌①。

4. 充分利用特许经营模式

特许经营因其双赢的独特魅力，已成为当今世界最流行的一种经营模式。随着国内经济的发展与法律法规的完善，加上政府的肯定与支持，特许经营势必成为21世纪中国经济发展的热点。

龙润普洱的特许经营概念其实就是：经营风险低，投资回报稳定，龙润普洱提供一流的产品，完善的经营模式，以及全面的人员培训。龙润茶业予以加盟商的，包括经营理念、企业识别、商品服务及管理标准化，导入互动性共生共享经营优势，开展中国及海外品牌特许经营。纷争时代，统合是大势所趋。具有资源、资本及强执行力团队的企业必将在这场纷争中脱颖而出，并将以其有远见的战略高度整合市场，以品牌规范普洱市场。

在2007年1月12日的特许加盟说明会现场，龙润茶业还与江苏省、温州市等省市的加盟代表签订了加盟合同及加盟意向书。这说明龙润打造中国普洱茶特许经营第一品牌并不是只停留在口号上。

龙润茶业成为中国第一个普洱茶特许经营连锁品牌。在销售模式和渠道建设方面，龙润茶业利用集团公司的资源优势，不断地总结、创新，探索出了一条完全有别于传统茶品销售模式的新通道。龙润创建的普洱茶体验馆旗舰店，是全球首家专业普洱茶品饮体验馆，独创以"体验式学习"的方式来了解、学习普洱茶文化，缔造了中国第一个普洱茶特许经营连锁品牌。体验馆采用了国际上最流行的商业运作模式特许经营连锁加盟。统一的VI设计、统一的品牌推广、统一的装修风格、统一的服务、统一的人员物流管理等，迅速提升了品牌知名度，扩大了销售市场占有率。

---

① 资料来源：中国经济网 http://www.ce.cn/xwzx/shgj/gdxw/200908/25/t20090825_19865737.shtml.

（三）争取利益相关者的广泛支持，建立良好的声誉

没有企业价值链上所有层面的全力支持，品牌是不容易维持的。除了客户的支持外，来自政府、媒体、专家、权威人士、供应商等利益相关者的支持也同样重要。他们的支持对于增加品牌的信誉度也是不可或缺的。

1. 牢固的供应链管理模式

龙润茶业集团与云南200多万茶农建立了"企业+茶农+基地+市场"的产业链，拥有20多万亩古茶树及高优生态茶园，收购了老字号茶——昌宁县昌宁茶厂、云县天龙茶厂，兴建了凤庆龙润茶厂，并严格按照QS标准进行建设。龙润茶业以制药的严格流程生产茶产品，把健康、优质的龙润普洱茶系列产品推广到海内外。

澜沧江中下游是普洱茶最大的生产基地，独有北回归线的阳光普照，海拔在1100～2200米之间，南亚热带暖湿季风气候，年平均温度为17～22℃，年降雨量1200～1800毫米，土壤为红壤、黄壤、枣红壤，PH值在4～6之间，与世界主要产茶区相比，这里更加适宜茶树生长。云南龙润茶业集团在临沧、昌宁、思茅、西双版纳等主要产茶区建立的茶叶基地都属于上述最适合大叶种乔木茶树生长的区域。澜沧江中下游所产的优质茶品原料为生产"安全、卫生、健康"的普洱茶产品奠定了得天独厚的基础。龙润茶叶的主要原料基地有：

（1）云南龙润茶业集团云县天龙生态茶业有限公司。前身为具有33年历史的云县天龙茶厂。龙润茶业集团收购该厂后严格按照QS标准进行改造，于2006年6月16日改造完成。厂区占地62亩，拥有2条普洱茶生产线、1000吨大型茶叶仓库，具有年生产加工2500吨普洱茶的生产能力，具有年生产加工2000吨紧压茶能力的紧压茶车间，拥有400平方米审评及理化检验室，具有审评及基本理化检验能力。

（2）云南龙润茶业集团昌宁县龙润茶业有限公司。前身为

具有48年历史的昌宁茶厂，龙润茶业集团收购该厂后按QS标准进行完全改造，于2006年6月28日改造完成。厂区占地125亩，改建1条普洱茶生产线，具有年生产加工5000吨普洱茶的生产能力，拥有50台（套）机械设备，具有年生产加工2500吨紧压茶能力的紧压茶车间，拥有1500吨大型茶叶仓库，新建初制加工厂1个，年生产加工晒青干茶1000吨。

按照QS质量标准新建厂房，厂区占地72亩，一期建成一条具有年生产加工3000吨普洱生熟茶生产能力的生产线，二期建成另一条具有年加工2000吨普洱茶生产能力的生产线。二期工程完成后，将拥有38台（套）机械设备、1500吨大型茶叶仓库，实现年生产加工5000吨普洱茶的生产加工能力。

（3）凤庆龙润茶业有限公司。2006年1月，龙润新组建凤庆龙润茶业有限公司，占地65亩，拥有38台（套）机械设备，并于2007年8月通过了QS认证，顺利投产。2008年8月11日通过HACCP（食品安全管理体系认证）。2011年1月28日，年加工茶叶1000吨的CTC生产线正式投产，凤庆龙润年生产加工茶叶可达6000多吨。

2. 发展地方经济

龙润集团着手进行规模化普洱茶生产的同时，把原料基地建设与发展地方经济紧密结合起来，实现兴业与服务并进，企业与茶农双赢。

龙润集团落户云县后，在重视普洱茶生产加工的同时，积极致力于茶叶原料基地建设。集团公司所收购的企业，原来在爱华镇大树村建有335亩高优生态茶园，该茶园与该镇田心村连接的乡村公路6.2千米，因公路等级低，车辆通行困难，龙润集团及时派员协调处理，投入资金50000元，并决定今后每年拿出5000元作为公路管护费用。为解决大树村村民的人畜饮水问题，公司还补助资金2700元。当地村民反映，龙润集团对公益事业的热心，激发了农民发展茶叶的积极性，今后他们将加大建设高优生态茶园的力度，努力为龙润集团提供优质的茶叶原料。

3. 热心公益事业

2006年9月，来自陆良县的两名贫困学生朱龙锋、朱克见顺利抵达北京，准备分别进入刚考上的北京科技大学、中国农业大学就读。大学四年间，他们将得到龙润茶业集团的资助。据了解，朱龙锋是陆良一中理科第一名，以627分的好成绩被北京科技大学录取；他的同班同学朱克见以616分的高分被中国农业大学录取。但每年5000元的学费、900元的住宿费，再加上书本费、生活费，让两位学子原本贫困的家庭忧心忡忡。了解到两名学生的情况后，陆良县政府给予他们很大帮助。朱龙锋同学参加了西部开发助学活动，学费得到解决，但四年的生活费、书本费等对贫困家庭而言仍是一个沉重的包袱。为了不让贫困学子失学，陆良县有关领导致电龙润集团寻求帮助。龙润茶业集团总经理李亚全了解情况后，立刻安排朱龙锋、朱克见及其家长到龙润集团总部、龙润茶业集团参观，并亲自与两位学生面谈，为他们解决了困难，还鼓励他们大学毕业后继续深造。李亚全总经理说，资助只能解一时之急，但立志却能改变一个人的一生。此次助学活动不光要从经济上帮助两位学子，更希望从精神上帮助他们，让他们成为全面发展的人才，并把这份爱心继续传递给其他人。

2007年6月3日，云南省普洱市宁洱县境内发生6.4级地震。地震发生后，云南省、普洱市和宁洱县三级政府都启动了紧急应急预案。了解情况后，龙润集团非常关心受灾群众的生活情况，集团董事局主席焦家良立即派谢金汶副总裁赶赴灾区，并代表龙润集团向灾区捐款30万元人民币，慰问宁洱县受灾群众，帮助他们顺利度过困难。这已不是龙润人第一次出现在灾区。长久以来，焦家良主席心系云南，每逢云南省发生灾情，都力所能及地帮助灾区群众顺利度过困难。1995年，云南武定发生地震，焦家良先生在第一时间派人赶赴灾区，为灾区提供20多万人民币的药品；2000年，云南姚安地震，焦家良先生向灾区捐款100万人民币。

4. 媒体公关提升品牌

2006年8月25日，东盟国家电视媒体记者一行15人到集团公司总部参观，集团公司总裁范源热情接待了到访外宾。东盟国家电视媒体记者一行由新加坡、越南、印尼、老挝四国的主流媒体代表组成，本次中国行是应云南省政府邀请，于当年8月21～28日在云南省参加"第四届东盟华商投资西南项目推介会暨首届亚太华商论坛"。此次参观的目的是为了对外宣传并与省内企业进行交流。

2006年12月26日，由新华社《中国名牌》杂志、《生活新报》、云南民营科技实业家协会联合主办的"领袖云南·品牌总评榜"评选结果在昆明隆重揭晓。"杨林肥酒"喜获"领袖云南十大历史品牌"之一，为百年品牌再添风采。"杨林肥酒"与"龙润普洱茶"在参选的上千个品牌中脱颖而出，同时进入"领袖云南百强品牌"榜。兄弟企业云南盘龙云海药业集团股份有限公司所属的著名品牌"盘龙云海"也不甘示弱，跻身前20强。三大知名品牌同进"领袖云南百强品牌"，而且还属同一集团，这无疑令全体龙润人为之振奋。

2007年1月10日，"首届中国普洱茶商务大会"在北京召开。云南龙润茶业集团凭借独特创新的制茶理念，86道严格质量把关的工序，为龙润普洱每一款茶品铸就"安全、卫生、健康"的品质，经中国普洱茶商务大会组委会会同中国国际文化传播中心、中国国际名牌发展协会、昆明市人民政府共同测评，正式授予龙润茶业集团荣誉出品的"龙润黄金嫩芽""首届中国普洱茶商务大会金奖"和"2006年度中国普洱茶卓越品牌"称号。云南龙润茶业集团也被授予"2006年度中国普洱茶文化传播大使"称号。

这些活动和成绩充分展现了龙润集团在广泛争取利益相关者支持的过程中所付出的努力，龙润集团的品牌声誉也随之得到进一步的提升。

案例使用说明

一、教学目的与用途

（1）本案例主要适用于营销管理课程，也适用于战略管理课程。

（2）本案例的教学目的是启发学员认识到民营企业进行品牌战略管理的重要性以及如何通过创新、关系营销等成功地进行品牌战略管理。

全球经济危机已经使我国民营企业认识到建立强大的品牌的重要性。我国民营企业需要从简单的出口加工转换到建立强大的品牌上来，品牌已经成为竞争的制高点。学员们通过本案例的学习可以认识到：品牌的建立不仅有赖于品牌战略的规划，还必须具备有效的组织保障以有效实施战略规划；此外，创新、关系营销等重要策略在建立强势品牌方面具有重要作用。

二、启发思考题

本案例介绍了民营企业龙润集团如何在多元化跨行业经营中进行品牌战略管理，同时也展示了集团下属公司是如何建立特色产品品牌"龙润茶"的。具体来说，可以进行以下问题的思考：

（1）龙润集团从药业进军到酒业、医院、茶业、食品、房地产等不同行业领域，是如何运用品牌战略管理的统筹作用使得各个行业都形成各自的名牌并协调发展的？

（2）龙润集团是如何通过关系营销策略来提升品牌资产的？

（3）龙润茶品牌成功建立的要素是什么？对于我国传统特

色产品的品牌建立有哪些借鉴意义？

（4）从龙润集团的品牌战略管理中，我们能得到什么启示？

三、分析思路

教师可以根据自己的教学目标（目的）来灵活使用本案例。这里提出本案例的分析思路，谨供参考。

（1）从传统营销管理理论来思考，营销战略规划过程包括营销计划的制定、执行、保障等方面的内容。近年来，我国营销咨询公司行业快速发展，许多民营企业邀请国内外知名公司做营销策划或者品牌战略规划，但是收效甚微。主要原因之一是缺乏内部的保障，即缺乏相应的人才保障、组织保障、制度保障、资金保障等，导致营销计划无法得到有效实施。

（2）从有中国特色的市场营销角度来看，营销实践是高度情景化的，营销计划的制定高度依赖外部环境。因此，我国的营销实践在借鉴国外理论的同时要特别注意中国特色社会主义市场环境的影响，要结合中国的经济、文化等背景。龙润集团在品牌执行过程中十分重视分析政府的政策带来的市场机遇，重视同各类利益相关者的关系，因而能在我国经济、社会发展过程中抓住先机，迅速建立强大的品牌。这为我们在中国特色社会主义背景下进行营销实践提供了一些管理启示。

（3）从品牌管理的角度来看，强势品牌的建立是一个系统的工程，也是一个持久性的工作。龙润集团投入巨资来建立品牌，不只是做广告，还包括产品研发、渠道建设、创新、公益事业等方面。集团公司还专门成立了营销研究所，为品牌战略管理提供了很好的支持。此外，处理好与外界公众的关系，取得他们的广泛支持也是一个必不可少的工作。

（4）CIS在品牌战略管理中起到了重要的作用，企业CIS系统的建立有利于公司品牌形象的树立，而在跨行业多品牌经营中，CIS系统更可以发挥统筹作用。龙润是一个跨行业集团公司,对品牌层级进行划分有利于处理好产品品牌和公司品牌之间的关系。在区分品牌层级的基础上,龙润集团决定依赖全方位的品牌管理来协调相关品牌,产生协同效应,而品牌战略规划在这里起到了至关重要的作用。

(5) 龙润品牌管理的启示。品牌远不是产品的一个名称。成功的品牌事实上包括整个业务流程,从原材料的选择到最终的顾客服务。而顾客购买的也正是这整个流程,而不是单项产品。如果品牌涵括整个业务流程的话,品牌管理就变得相当重要,只交给市场营销部门远远不够。它涉及各个功能步骤,需要在整个业务流程的每个环节做出决策和行动。这是公司整体商业战略的核心。龙润集团品牌战略管理成功带给我们三点重要启示:

①增加投资,集中力量建设品牌。品牌管理是一个系统化、持久性的工作,必须不断增加投资的数量和种类。

②不断创新以提升品牌能力。在日益激烈的竞争环境里,创新比以往任何时候都重要。创新并不是指要创立新的品牌,因为创立新品牌花费太大。最有效的方法就是把现有的品牌重新部署。这需要三个基本技巧:品牌的重新定位、品牌的组合扩张和品牌改造。仔细观察龙润在药业、酒业、茶业、房地产等不同市场领域的战略部署,可以发现该企业通过业务创新、产品创新来提升品牌的深层目的。

③通过与各方的紧密联系来支持品牌。与利益相关者的紧密联系是企业品牌管理的重点。只有做好全方位的关系营销,品牌的维护才能得到真正的保障。顾客越来越希望与了解他们的需求并能迅速做出反应的供应商建立、保持持续稳定的关系。要做到这一点,企业必须重新全盘考虑它能为顾客提供什么特殊产品、服务和价值。

四、理论依据及分析

（一）CIS 理论

公司品牌的两个核心概念是公司形象和品牌形象。公司形象的建立有赖于公司 CIS 系统的规划。CIS 是指企业为了塑造自己的形象，透过统一的视觉设计，运用整体传达沟通系统，将企业的经营理念、文化和经营活动传递出去，以凸显企业的个性和精神，与社会公众建立双向沟通的关系，从而使社会公众产生认同感和共同价值观的一种战略性的活动和职能。CIS 可以帮助企业树立品牌形象，提高消费者对企业的认知程度，提升企业的无形资产。

龙润集团是一个跨行业多元经营的企业，它成功进行了 CIS 规划，而且它经营的不同行业的各个产品品牌，包括龙润普洱茶、龙润医院、戒毒药物"克毒灵胶囊"等都是在集团 CIS 的指导下进行运作的，符合公司"润泽天下苍生，为人类健康服务"的宗旨和使命。

（二）企业多品牌战略理论

企业的多品牌战略划分为三种类型：（1）一种产品、多个品牌，即在产品之间差异不大，甚至没有明显差异的情况下创建多个品牌。（2）一类产品、多个品牌，即各品牌产品属于同一类型，但不同品牌之间有较大的差异，各品牌有相对独立的细分市场。（3）不同类产品、多个品牌，即在同一企业的不同类型产品间实施不同的品牌。各种方式都有自身的优缺点，企业要根据面临的情况来决策，包括第一品牌的价值结构、企业产品关联程度、新品牌产品风险、企业的财力等。

龙润集团采用的是第三种战略，即不同类产品、多个品牌。

因为集团公司下不同类产品是由不同子公司在经营的，就各个产品来说，采用新品牌的产品与原来品牌的产品的潜在消费者的重叠程度并不是很高。当然，集团公司财力充足也是重要因素。

（三）关系营销理论

关系营销，以系统论为基本指导思想，将企业置身于社会经济大环境中来考察企业的市场营销活动。该理论认为企业营销乃是一个与消费者、竞争者、供应商、分销商、政府机构和社会组织发生互动作用的过程，正确处理与这些个人和组织的关系是企业营销的核心，是企业成败的关键。

龙润集团巧妙处理了与各个利益相关者的关系，成功进行了关系营销，由此得到各个利益相关者的支持。此举对于公司品牌和产品品牌的树立和维护无疑起到了举足轻重的作用。

（四）创新理论

美籍奥地利经济学家熊彼特将创新定义为建立一种新的生产函数，即企业家实行对生产要素的新结合。它包括：引入一种新产品；采用一种新的生产方法；开辟新市场；获得原料或半成品的新供给来源；建立新的企业组织形式。熊彼特认为，资本主义经济打破旧的均衡而又实现新的均衡主要来自内部力量，其中最重要的就是创新，正是创新引起经济增长和发展。尽管熊彼特的观点是从宏观的视角来解释创新对于资本主义经济发展的作用，但这并不妨碍我们从微观的层面来考虑创新对于企业发展的作用。

在龙润的品牌战略中，我们很容易看到该集团利用经营模式创新、产品创新等方式不断提高企业的竞争能力。这无疑也提升了集团的公司品牌形象和产品品牌资产。

（五）次级品牌杠杆理论

消费者大脑中具有某些实体的知识结构，品牌本身可以和这些实体联系起来。这些实体包括：公司所在的地理区域、分销渠道、其他品牌、特色、代言人、事件、其他第三方资源。品牌与这些实体产生关联后，消费者会推断这些实体所拥有的一些特征是某品牌也具有的。

具体到龙润集团，可能与之产生关联的实体具体包括：地处云南、普洱茶、曾赞助过的活动，等等。如果能善加利用，这些都有利于龙润集团品牌资产的建立。

五、背景信息

（1）龙润集团下有多家子公司，分属于不同的行业。因此，集团公司面临的一个重要问题是如何从集团的层面来统筹品牌战略问题，实现各个不同行业产品品牌的协同和互动。

（2）龙润集团在进行公司品牌规划之后，利用公司品牌的主导地位协调各个产品品牌之间的关系，使之产生协同效应，形成了强大的产品品牌群。各个产品品牌的成长，尤其是龙润普洱茶、排毒养颜胶囊和杨林肥酒等又反过来提升公司品牌的形象。

六、关键要点

（1）多元化经营企业有不同的产品品牌，要实现它们之间的协同，需要公司品牌的统筹作用。因此，公司品牌规划才是解决问题的根本。在案例分析中，这是一个需要强调的关键点。

（2）在规划公司品牌过程中，不只是简单建立 CIS 来统筹指导各个产品品牌，还必须通过制度来保障品牌战略管理活动的顺利进行。

（3）在具体实施品牌管理活动的过程中，以创新、关系营销等为重点，为提升品牌竞争力不断增添动力。

七、建议课堂计划

本案例可以作为专门的案例讨论课来进行。如下是按照时间进度提供的课堂计划建议,谨供参考。

整个案例课的课堂时间控制在80～90分钟。

课前计划:提出启发思考题,请学员在课前完成阅读和初步思考。

课中计划:简要的课堂前言,明确主题:2～5分钟;

　　　　　分组讨论:30分钟,告知发言要求;

　　　　　小组发言:每组5分钟,控制在30分钟;

　　　　　引导全班进一步讨论,并进行归纳总结:15～20分钟。

课后计划:如有必要,请学员采用报告形式给出更加具体的解决方案,包括具体的职责分工,为后续章节内容做好铺垫。

八、相关附件

更多关于龙润集团的详细资料可以在集团和各个子公司网站查询:

龙润集团: http://www.longrun.cc/index.asp

龙润普洱: http://www.longrunpuer.com/index.html

龙润地产: http://www.longrunzhiye.com/index.asp

龙润药业: http://www.longfar.cc/home.asp

龙润茶: http://www.longruntea.com/cht/index.html

案例三：SS 体育用品有限公司遭遇发展瓶颈

胡建兵

摘　要：国内市场快速增长催生了大量的机会，许总正好抓住这个机会，顺应晋江品牌热的趋势快速建立起属于自己的品牌。这两年来，许总发现公司已经开始出现亏损，更让许总感到意外的是，经销商集中大量退货。面对车间经常性的大批量返工、成型车间主任的不辞而别、品管经理的辞职、触目惊心的成品质量抽检数据、外协加工质量管控的被动局面以及推卸责任的部门主管们等这一大堆公司内部问题，许总感受到前所未有的压力，也很茫然。

关键词：体育用品；SS 有限公司；发展瓶颈

一、许总的烦恼

2011年1月中旬，临近传统春节。此前许总一直忙于对公司来说最大的两件事情：春夏季订货会和飞往各地向经销商催收货款。总的来说，有喜有忧：喜的是，订货会开得非常成功，2012 年订单量增长 20%，超出预期；忧的是，在催货款的时候，很多经销商向许总抱怨产品质量差，并将有问题的产品集中退回公司冲抵货款。据初步估计，退回的鞋子已超过一万双，损失非常大。另外公司招工难和留工难的问题也让许总感觉有点苦恼。虽然许总已经打算春节之后要给所有员工和管理层加薪 20%，但是许总并不确定这些问题，尤其是企业内部管理问题、产品质量问题通过加薪就可以解决。

于是，许总在春节放假前召开了公司全体干部大会，会议上许总先把订货会和退货的问题介绍了一下，然后说："公司今年的亏损已成定局，我粗略地算了一下，今年亏损将近300万。"许总环视了一下参会的干部，接着说："今年的订单比往年增加20%，服装增长更多，但是有些订单我不敢接，为什么？大家看看我们的管理水平，看看发外加工的质量，看看各地经销商的退货情况，再看看材料费用、人工费用和外协加工费用的上涨情况，你们就明白我为什么不敢接。"说到最后这一句话时，许总用手指重重地敲了一下桌子。尽管大家已经在多种场合听许总说过公司亏损的问题，但说的次数多了，反而让干部们猜想这可能是老板为省钱，找借口向大家"诉苦"，以免大家要求老板加薪。虽然从会议的规模和开会的时间来看，大家或许也感觉到这次老板的用意真的有些不同一般，但还是有些不以为然。接下来许总说话有点情绪激动，"这是我自己的工厂，交给你们来管，现在是要产量没有产量，要品质没品质，要问题一大堆，接下来你们每个人都给我表个态。"许总的视线转向陈厂长，厂长不自觉地回避了一下许总的目光，心里再清楚不过，老板开始向自己发难了。

厂长知道这时大家都在看他的好戏，不过这种场面陈厂长也经历得多了，虽说不上底气十足，但是理由可以找出一大堆："目前，工厂的产量的确不高，主要是工厂缺人，工人不好招，都嫌工资低，而且动不动就说要辞工，很不好管。"陈厂长说话时不紧不慢，"有时候材料到位也不及时，配套不齐影响生产，而且订单尾数也很多，尾数清理起来比较困难。"许总知道这个陈厂长没什么管理能力，而且平时也没少挨自己的骂，但是看在陈厂长在公司创建初期就跟着自己打拼的分上，没有功劳也有苦劳，所以也不好再说什么。近年来，许总一直忙于广告、代言、品牌宣传、订货会等事情，对工厂生产这一块也疏于管理。说实在的，他自己也不知道要怎么管。

接着许总的视线停留在生管员小王的身上，小王清了清嗓子说："公司发外加工数量越来越多，快要占到三分之二的比例。但是我刚接手这一块不久，目前外发加工厂大多不是我亲自找的，所以这些工厂都不好管，品质、交期问题也比较严重。"小王说话带着浓重的四川口音，"我们公司给的加工费相对比较低，这些厂家都嫌我们的户外鞋加工难度大，他们只要有其他订单做就不愿意接我们的业务，外协工厂不好找，有些工厂甚至要求我们先付款才给我们加工，或者要求付完款以后才把我们的货送回来。一旦我们付完加工费，我们对这些外协工厂的管控就非常被动了，更别说提什么加工品质要求。"小王所说的发外加工之前是由陈厂长负责联系加工厂家，随着订单量的增长，老板开始安排小王接手这一块，陈厂长没再插手。

年轻的营销总监还没等许总看他就立即发话："其实，公司现在最主要的问题还是质量问题，我们花了这么多钱，好不容易树立起品牌形象，结果做出来的鞋子连路边的小厂都不如，最近经销商打来的电话我都不敢接，因为十有八九是向我投诉产品质量问题的。"

一说到鞋子质量问题，开发部罗经理气不打一处来，"随便拿一款鞋比一下就知道，我们开发的产品外形和款式都不会比人家逊色，但是实际生产出来的鞋子就是很差劲，我一直说'我们做出的鞋子不像鞋子像馒头'。这不是开玩笑，是事实。以前我还经常去车间看看产品的生产情况，现在我都不爱去，因为生产的东西根本没法看。"罗经理说话就像劈斧头。

说到品质问题，品质部自然难逃干系。品管部陶经理表情严肃："我承认我们的鞋子品质差，不过好品质是做出来的，不是靠检验出来的。如果大家不配合，我们再努力也没用。换句话说，如果我要是严格执行质量标准，估计生产现场没有几双鞋子是过得了检验关的。你说我能怎么办？"

看到这种局面，许总心里面更多的是一种无奈，但是他心里清楚，如果他不能扭转这种局面，或许明年就不是300万亏损那么简单，到时公司倒闭都有可能。如果是以前，许总早就撂下"做不好就给我滚蛋"之类的狠话，但这次直至会议结束时，他只是淡淡地说了一句，"如果我的工厂倒闭了，我想大家的日子也不会好过。"

回到办公室，许总突然想起了一件事，于是急忙在办公桌上一大堆文档中找了一阵，总算找到一本印刷精美的"总裁学习班"的广告宣传册。找到电话号码后，许总拨通了联系电话，咨询了10分钟以后，虽然学费不低（需要6万元），但还是决定要报名学习。换作是前几年，许总连看都不会看便将宣传册扔进垃圾桶，顺便还稍带一句："骗钱的把戏。"

二、许总其人

许总是晋江本地人，父母过去都是农民，文化程度不高。曾经有一段时间，他父亲除了干农活以外，还会到附近的村头卖猪肉以贴补家用。自从儿子发达了以后，父母就跟儿子住在一起：一方面可以帮儿子照料一下工厂的后勤杂事，例如工厂的水电、卫生等，尽管这些工作也有专门的工人做；另一方面也帮许总打理家庭生活、管管孩子。许总的妻子姓朱，也是晋江本地人，目前在公司里担任财务部负责人。

许总高中毕业后，就像当时很多晋江人一样开始捣腾小生意，后来就改为做鞋。刚开始买几台旧机器、雇几个工人做鞋，看人家做什么鞋，他也做什么鞋，曾经以生产运动鞋为主，所以公司名称至今还保留着"体育用品有限公司"的字样。在2000年前后，晋江一些企业大胆尝试品牌运作并迅速做大做强，加之受朋友的启发，许总也开始尝试做品牌。刚开始时，由于国内消费者对自主品牌的认可度不高，仿国外品牌的概念逐渐在业内流行开来。许总也尝试在美国注册了一家投资公司，然后在国内运作品牌，目的是让该品牌具备"洋"背景和国际概念。由于普通运动鞋竞争已经非常激烈，受附近一家生产登山鞋工厂的影响和启发，许总的公司也开始由传统运动鞋为主转向以户外鞋为主。2009年，公司正式运作该品牌，取了一个非常洋气的名字"美国牛仔"。没想到这一招还真是起作用了，由于概念比较新，公司几乎没花什么广告费，销量就开始上升。许总也尝试了多品牌运作，为此注册了一个国内品牌，取名为"飞鼠"。两个品牌都主要做户外鞋、休闲鞋和登山鞋等鞋类产品，但是定位不同："美国牛仔"定位稍高一些，市场售价约200元左右；"飞鼠"定位低一些，市场售价都在100元以下。

许总身材高大、性格直、脾气大，说话语速快、嗓门大，激动时还有点结巴，而且说话从来不转弯抹角，下属都有点怕他。

三、晋江产业集群发展背景

制鞋业是晋江市国民经济发展的重要支柱，主要分布在晋江市陈埭、池店、内坑、青阳、梅岭、西园、西滨等镇（街道）。经历过从无到有、从小到大、从零散到集中的发展进程后，目前晋江鞋业已步入转型升级阶段，成为晋江市域内最成熟的产业集群之一。晋江也因此成为中国最大的旅游运动鞋生产基地和世界运动鞋的重要生产基地。2008年10月，经中国皮革工业协会复评，晋江再次荣获"中国鞋都"称誉。

（一）产业规模实力

晋江市现有鞋类生产企业3112家，从业人数超过38万人，年产鞋9.5亿双，皮革总产量10亿平方英尺，2008年实现鞋类行业总产值395亿元（包括制革39.2亿元，下同），平均规模产值1269万，占同期全部工业总产值的25.8%。主要产品包括专业运动鞋、旅游鞋、休闲鞋、时装鞋、凉鞋、雪地鞋等数百个品种和规格，其中运动、旅游鞋占全国总产量的40%、世界总产量的20%，产品远销163个国家和地区。

（二）产业生态环境

除了"量"上的优势，晋江制鞋业还拥有配套完善的产业生态链，全市已形成了鞋成品、鞋机、鞋材、皮革、鞋业化工等企业生产齐头并进、互动发展的良好格局,形成了社会化分工、自主配套的一条龙生产协作群体,其中专门为成品鞋从事配套生产的鞋底、鞋面、皮革、五金制品等专业厂家目前已达1500多家,鞋用机械产品已占据全市鞋业80%的市场份额。市内还拥有大量模具开发、鞋样设计、管理咨询、形象策划、营销推广、出口代理等专门为生产性企业提供产前、产中、产后服务的配套行业。企业已基本实现足不出户就能完成从生产到销售的全部流程。制鞋业的发展,还带动区域鞋材市场的配套繁荣,鞋业重镇陈埭现已形成陈埭鞋材市场和中国鞋都两大区域配套市场。其中陈埭鞋材市场吸引了来自国内4个省份和国外30多个国家、地区600多家鞋材、鞋机客商入驻,年交易额达80亿元。

(三)产业品牌影响

近年来,晋江市鞋业企业主动适应市场发展需要,通过个性化、差异化产品定位,斥巨资聘请形象代言人,召开春、秋两季营销会议等形式,致力于拓展品牌对外影响力。全市鞋业企业聘请的影视、体育明星多达70多位,年广告费投入近10亿元。全市鞋业企业累计拥有19枚中国驰名商标、8件中国名牌产品、36件国家免检产品,"国字号"品牌总数占全国运动鞋行业的一半以上。安踏体育用品连续7年位列全国同类产品市场综合占有率第一位,并成功入选2008年度中国运动鞋服行业标志性品牌。

(四)技术质量水平

晋江制鞋业装备了大量具有国际水平甚至国际先进水平的技术设备,其中有600多家制鞋企业引进意大利、德国、日本等国家和我国台湾地区生产的自动制鞋流水线3000多台(套),250多家鞋材共企业拥有EVA鞋底一次成型注射机500多台,另外立体扫描仪、电脑数控切割纸板机等设备在全市鞋类企业也非常常见。同时，企业十分注重自主研发投入，全市规模以上鞋业企业均自行配套产品研发机构，其中有 4 家鞋类企业研发中心被确认为省级技术中心，5 家鞋类企业研发中心被确认为泉州市级技术中心。全市制鞋业依靠自主研发，目前共掌控了鞋业生产 2000 多种核心技术，拥有 189 项专利。

四、公司简介

（一）公司历史

公司创建于 1994 年，当时许总刚高中毕业。2008 年，为扩大品牌影响，企业不惜重金邀请国内一个男明星代言。2009 年，为提升品牌形象和品牌定位，企业正式开始双品牌运作。2010 年，加强了对新产品的研发，扩展产品系列，即由单一的鞋类扩展至全套户外装备（包括服装、配饰件等种类），其中服装主要借助"美国牛仔"品牌销售。2010 年年底的订货会上，服装订单增长率接近 40%，远超过其他类型订单，全年实现销售收入 1800 万元。许总制定的目标是在 2011 年销售收入要达到 3000 万元，鞋子产销量要达到 140 万双。

（二）公司部门设置

公司目前员工总数约 210 人，公司各部门设置如图 3 - 1 所示。

（三）工厂设施与布置

目前公司的厂房和机器设备均为许总依靠长期经营积累的自有资金投资建造和购置的。厂房是生产、办公和生活"三合一"模式，共六层，建筑面积超过 7000 平方米，三面围合式，如图

3-2所示，中间主体部分作为生产车间和仓库使用，两端副楼分别是宿舍区和办公区。宿舍区第一层设计为车库和杂物间，有专用楼梯直通，仅供许总家人使用；厂长、开发部经理、生管员等都住在员工宿舍里面。

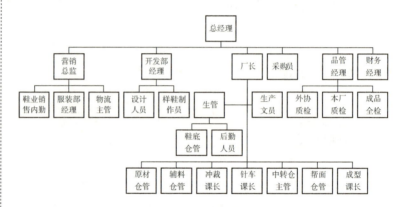

图3-1　公司组织架构

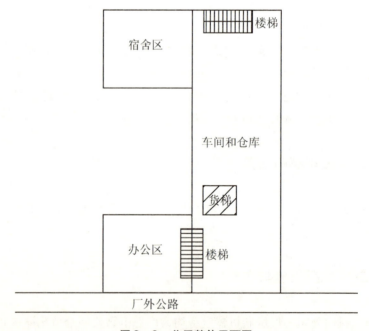

图3-2　公司整体平面图

公司主楼车间及仓库布局的正立面如图3-3所示。

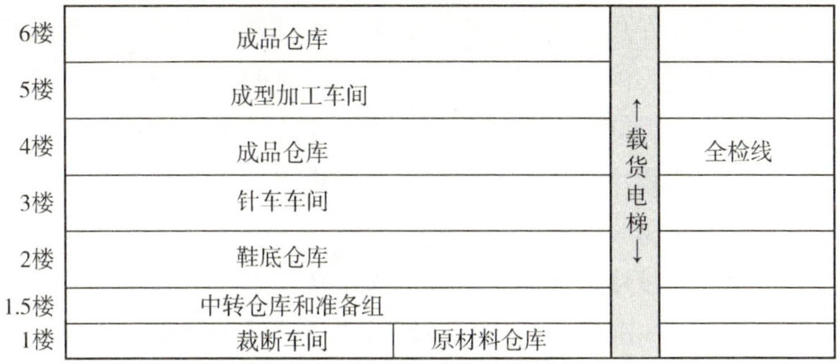

楼层			
6楼	成品仓库	↑ 载货电梯 ↓	
5楼	成型加工车间		
4楼	成品仓库		全检线
3楼	针车车间		
2楼	鞋底仓库		
1.5楼	中转仓库和准备组		
1楼	裁断车间	原材料仓库	

图3-3 公司车间及仓库布局正立面图

公司办公区设置在靠公路一侧的副楼，副楼与厂房、车间连在一起而且共用楼梯，共有六层。第一层是架空层，设置为进出公司的主通道和保安室；第二层主要用于生产相关部门人员办公，厂长、品管部陶经理、生管员小王及生产部文员小易均在二层办公区办公；第三层是"飞鼠"品牌的开发部办公室，旁边布置了一个较大的产品展示厅，展示厅装修很豪华，公司的主要产品一一展示在四面墙上；第四层设置有总经理办公室、营销总监办公室、服装经理办公室、财务部办公室和采购办公室；第五层主要作为"美国牛仔"品牌的开发部办公室和样鞋制作室；第六层是会议室和小型展示室。

（四） 内部运作流程

公司内部的基本运作流程如下：（1）开发部开发新产品；（2）销售部召开订货会，每年两次，分春夏季和秋冬季；（3）经销商下订单；（4）订单汇总，内部分批下生产指令单；（5）采购材料，包括面料、鞋底和辅料；（6）产前样试做；（7）大货生产开始，先做冲裁；（8）外协加工（电绣）；（9）手工和备料；（10）鞋面缝制（针车）；（11）成型；（12）全检；（14）产品入成品库；（15）发货。

冲裁车间现有10名一线工人，生产能力满足全厂生产下料需要没有问题。在上一个月,前任生产副总在许总面前承诺完成的目标产量仅有冲裁车间完成,其他车间都没有完成。为此,冲裁车间主任在许总面前多次提了有关奖励兑现的事情,但都没得到许总的答复。许总的主要理由是,那段时间,冲裁车间的员工操作没有按照规定要求进行,而是为了完成产量,违规增加冲裁的层数,导致裁片尺寸偏差增大,产生更多的报废裁片和材料利用率下降等问题。

冲裁好的裁片送往准备组或进入中转仓库,准备组的十多名员工主要做一些削皮、折边、裁织带之类的手工加工,准备组除了要负责手工加工以外,还要负责把小部件发给外协工厂或村民进行加工,同时还要负责接收和检验委托加工的高频部件,然后将各种材料和部件准备齐全,再发往外加工厂和本厂针车车间做针车工序,如图3-4所示。

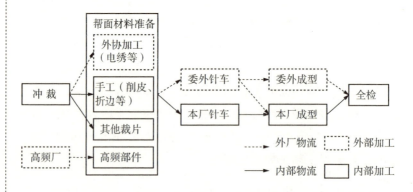

图3-4 公司制鞋生产工艺及物流路线

在针车车间,主要完成鞋面的缝制工艺。整个车间约有60人,分为两个组,目前只有两个组长,但是没有车间主任,而且50%的针车工序是靠发外加工完成的。针车车间的设施布置如图3-5所示,分工主要是采用"分包"模式,即每个员工均要完成鞋面大多数的缝制加工,然后交给检验员检验,验收合格的鞋面送入鞋面仓库。采用这种"分包"模式的优点是方便对员工采用计件工资制,任务分配简单,员工管理方便;不足是生产效率低,且质量不易控制。

成型车间的主要任务是将鞋面与鞋底合在一起。采用流水设备生产，生产节拍统一，具体分前段、中段和后段，每个员工负责其中一道工序。公司有成型流水生产线两条，目前只有一条线开工生产，员工约 50 人，日产量约 2000 双（整鞋）。成型车间的员工薪酬采用计件与计时相结合的方式。

鞋子装箱以后先进入四楼和六楼的成品库，目前成品库存数有 7800 多件，共计 11 万双鞋，其中"美国牛仔"和"飞鼠"品牌各占库存的 54% 和 46%。营销部会根据经销商的打款情况决定是否向客户发货。

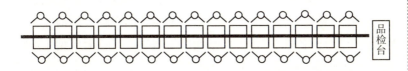

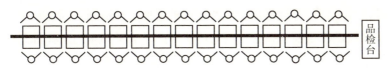

图 3-5　针车车间布置示意图

五、"群龙无首"

目前，成型车间缺车间主任。就在前一个月，刚刚上任的成型车间主任，上班十几天后就不辞而别，本就混乱的生产线更是乱上加乱。工人们猜测，新主任不辞而别可能与前几天车间出现的"翻箱"（即一个订单整批鞋款返工）有关。工人回忆说，当日下午，成品全检员检出一款鞋出现脱胶现象，随后还发现这不是个别现象而是批量性的质量问题，数量非常大，涉及整批订单。连续两天的阴雨天气，致使室内空气湿度突然增大，加之采用的胶水和操作方法存在问题，最终导致大量鞋子脱胶。问题发生后，厂长命令成型车间全部停产，进行"翻箱"。成型车间主任只好带领员工把已经流入后段，甚至有些已经装箱的该批鞋子全部找出来，一只一只地进行检查，把存在脱胶问题的鞋子挑出来返工。就这样，各种半成品、成品、鞋楦、杂物等堆满了车间各个角落和通道。

另外，成型车间长期面临材料和部件配套的问题。企业担心员工闲着没事干，经常是某一订单还没等材料备齐就上线生产，结果到中途往往会因材料配套跟不上被迫停下来。有一次，订单快要生产完的时候才发现鞋底数量不够，原因是鞋底送货来的时候没有入库检验。只有一名员工负责鞋底仓库管理的，鞋底在入库时未加以检验，甚至有时连数量也不清点，在临上线前才会被检查一下。还有一次，订单的帮面已经做完，准备上成型生产线时才发现配套的鞋底还没有送到。打听后才知道，原来三个月前鞋底采购单已经发给鞋底加工厂，但是由于本公司和鞋底加工厂都没有对订单进行跟踪，导致该订单被加工厂遗漏，因此鞋底还没开始做。再换一款有材料的订单生产，员工和车间主任都怨声载道。为此，品管经理赶紧将各工序的操作要求打印出来，张贴在机台旁边，以提醒员工注意按照规范操作。

对成型车间的基本情况有了基本了解以后，刚刚上任的成型车间主任似乎感到前途渺茫。一名老员工甚至评价这位车间主任的做法是"明智的"，说他"迟走不如早走"。这就形成了成型车间目前群龙无首的状况。

六、品管经理的离职

品管部陶经理上个月已向老板提出辞职，到年底为止，他在公司待的时间还不到 8 个月。这几天他正忙着与即将到任的刘经理交接工作。根据许总的吩咐和新任品管经理的请求，陶经理带着他到工厂参观，并介绍了公司品质管理的一些现状。在五楼全检线旁，陶经理说，最近全检线非常忙，人手不够。刘经理在现场看到，全检线周围堆满了待检鞋。在全检线末端是一些已经检验过但尚未入库的成品鞋，横七竖八地摆放在地面上，有些还占用了过道。刘经理注意到，大约有7~8个装鞋的纸箱上盖是敞开着的。经过了解得知，待检纸箱中所装的鞋已经按销售配码装好，每箱有12（男款）或15双鞋（女款），哪怕有一双鞋子在全检线上被检出不良，都需要返修，就会导致整箱鞋无法封箱入库。要么等待返修完成，要么到成型车间的后段找一双合格鞋子代替才能封箱入库。同时，在靠墙一边的塑料筐里，堆了一些被检出的不良品，等待送回返修。

刘经理特意仔细看了一下全检线的运作情况，只见一条运转的传送带上，一双双鞋在检验员面前移动，检验员快速拿起两只鞋，看看鞋子的外观，如果没有发现问题就放回传送带，由下一名工人负责装盒，最后装入纸箱；如果发现问题就临时送至返修区的纸箱里，等待处理。他还看到全检员旁边堆得高高的一箱箱待检鞋，正准备发问，陶经理马上解释说，这里堆的大部分是外协工厂送回来的成品鞋，由于送货频率并不均匀，所以经常连续来几辆送货车，把本就不宽敞的全检线挤得水泄不通。

来到四楼，两人正好碰上营销部吴总监，他正叫一名仓库工人搬一箱鞋。吴总监一看到陶经理就立即把他叫住："陶经理，你来得正好，到我办公室来一下，我给你看看我们公司的'成果'。"陶经理不太明白吴总监话里有话，看吴总监说话时一本正经，也只好叫了一名下属先代自己领刘经理继续参观成品库，自己随后走进营销总监办公室。吴总监向陶经理说明了事情的经过。原来，公司这几天不断收到各地客户发过来的有关产品质量问题的反馈信息，多是集中在上市2个月以内的新产品上。有些客户对公司产品的质量表示了极大的不满，甚至有客户反映某批次的80%的鞋都存在这样或那样的问题。为证实这一问题，吴总监亲自把刚搬进来的纸箱打开，拿出几双鞋摆在桌面上。吴总监说这就是10月份生产的新鞋款，随后连续看了十几双户外鞋。同时找出鞋子外观多处品质不良问题给陶经理看，如鞋面上有白线露出来，鞋面有白色污点，车线针距疏密不一致，胶水溢出，线头没有修剪掉，部件车缝的位置不正，海绵没有包好，等等。最后，吴总监特别提到山西一经销商说的一句话："这些鞋按国家标准来说,全都是次品,是本来就不应该上市销售的。"随后,吴总监拍着桌上的鞋对陶经理说:"这样的鞋,你们品管部也把它们放过去,送给经销商?你要让我们营销部怎么做营销?公司花了这么多的钱做品牌和推广,好不容易得来的业务订单,你们为什么就不能好好把关一下?"本来吴总监是一个很随和的人,不轻易说人家,但是今天上午又有一家经销商打来电话向他投诉质量问题,搞得吴总监整个上午一肚子的怒气没处发泄,所以才有了刚才的一幕。照以往来说,说起质量问题和责任,陶经理肯定说出一堆理由来回击,但是想想自己下周就将离开,他眼睛一直盯着桌上一双双鞋,沉默不语。

从营销总监办公室出来后,陶经理更加坚信自己的辞职决定是明智的。他认定这家公司老板的管理观念存在问题,品管部的工作无法正常开展。回到自己的办公桌旁时,坐在陶经理前面的生产部文员小易正在忙着统计各地经销商退回的鞋子。这已经是一个公开的"秘密"了,每到年底,当公司向经销商催收尾款时,各地经销商开始将有质量问题的鞋子大量地集中退回。今年也是如此,据小易粗略计算,今年的退货总数超过一万双,按出厂价计算累计金额超出 100 万元。这些退回的鞋子一般只能在年底时以"地摊货"形式在工厂附近处理销售。

一周后,刘经理正式接替陶经理的工作。为摸清公司的质量现状以便制定明年工作计划,刘经理组织品管部和仓库几名员工,一起对成品库中的产品质量进行了抽查。经过简单的抽样检验,刘经理发现问题的严重性远远超过了他的想象,因为如果按照行业标准来衡量的话,这些堆在成品仓库中的产品 100% 属于不合格品。不仅如此,平均每件产品有将近三个缺陷,典型的品质问题有:粘胶、材料破、底破、滴塑坏、高频坏、鞋头歪、起皱、爆线、清洁度差等。

此时,刘经理算是有些明白陶经理在公司待不下去的原因。相比之下,刘经理的当务之急是在该公司打开局面。对此刘经理还是有些自信的,他和老板都是本地人,在沟通方面应该会比陶经理有优势。

七、许总的设想

晚上9点,许总把一批客人送走后,转身回到办公室。这时,刘经理手里拿着一张白纸,上面密密麻麻地写满了数字。这些就是当天下午在成品仓库抽检的品质统计记录。刘经理简单地把结果向许总汇报了一下。许总一开始有点不敢相信,反复看了几遍后,开始认识到问题的严重性。他真心希望刘经理的走马上任能够帮助公司改变这一状况,特意用本地话鼓励刘经理要好好干。

刘经理离开办公室后,许总给一个做鞋的朋友打电话,让这个朋友帮忙找一家擅长做品质管理的专业咨询公司。虽然许总心理上是希望新来的刘经理能够扭转公司糟糕的品质现状,但是他自己也很清楚,如果不借助一些外力,要想取得大的改观几乎是不可能的。另外,许总也考虑过是否应该将成型车间承包给个人,这样或许能够将这些品质问题和管理问题转嫁出去。但这样做的话,当初许总试图通过打造一个"样板工厂"来塑造公司的品牌形象的想法很可能就要落空了。所以目前成型车间外包只是设想,要不要做、能不能做好,许总心里真是没底。

快到年关了,许总对明年的发展有很多期待,但在面对公司目前的各种问题时仍然理不出一个头绪来。他掐灭手中的香烟,取出周六从武汉"总裁学习班"带回的学习材料开始看。

案例使用说明

一、教学目的与用途

（1）本案例主要适用于生产与运作管理课程，也适用于质量管理、战略管理等课程。

（2）本案例的教学目的在于：①全面、深入地了解传统制造型企业在发展过程中外部机会和内部能力之间的现实矛盾，纠正传统认识上质量与成本相互冲突的思想误区，引导学员从战略视角理解和分析企业经营管理水平对打造企业核心竞争力的作用和意义。②从运营层次理解全面质量管理思想、质量管理的跨部门属性及协同管理的要求，从而培养学员从全局角度通过合作与沟通解决质量问题的意识。③从微观上掌握提升产品质量的一般策略。

二、启发思考题

（1）你认为许总应当确定一个怎样的公司战略和运营战略？说说你的理由。

（2）通过该案例，你是如何理解成本控制与质量管理之间的关系？

（3）成型车间主任的"不辞而别"和陶经理的离职说明了什么？该企业的品质管理存在哪些问题？

（4）对于许总打算把成型车间外包出去的想法，你有何评价？

（5）许总当前面临哪些困难和问题？你建议许总怎样去解

决这些问题?

三、分析思路

教师可以根据自己的教学目标来灵活使用本案例。以下是本案例的一些分析思路,谨供案例使用者参考。

(1) 准确把握公司所面临的外部市场机会、行业地位及品牌优势,同时认识公司内部在产品质量、协同管理、外包管理上的明显不足等,运用 SWOT 法确定公司以品牌求发展,以质量求生存的公司战略,由此得出公司以品质支撑品牌、降低成本的运营战略。

(2) 从运营角度分析,公司亏损的一个主要原因便是由于产品质量问题引发的大量退货。这需要决策者摒弃传统认识上的误区,重新审视质量与成本之间的平衡关系,并处理好控制成本和失效成本的关系,即通过加强质量管理来降低返工、误工、退货、品牌损害等所产生的有形和无形损失(质量失效成本),最终降低公司总成本。

(3) 根据全面质量管理思想,产品质量贯穿从产品设计开始直至售后服务的全过程,需要公司所有相关部门的共同参与,并且都是"一把手工程"。因此仅把责任推给生产主管或是品质主管,也说明管理者对质量管理的认识停留在传统思维阶段,不利于问题的解决,这也是导致车间主任和品管经理离职的主要原因。要想真正提升产品质量,必须要从战略规划和定位开始,并在部门设置、人员配置、供应商选择与评价、绩效考核、流程控制、作业标准、设备利用等各方面做出系统性的调整和优化。

(4) 在许总对质量的认识没有改变之前,简单地通过外包来把质量问题或是管理问题转嫁出去是不现实的。外包不仅面临违约风险,而且质量同样难以掌控。外包结果的好坏完全取决于承包人的个人能力和诚信度,因此风险不会减少。这一点也可以通过现有的外协工厂来印证:与自己做的产品相比,外协加工的产品没有明显的质量优势，这就说明根本原因是理念、认识及整个管理系统等出了问题。

（5）许总当前面临的是在较好的营销和品牌与较差的产品质量之间存在着严重不平衡和不匹配的问题。短期不解决就会造成成本的上升和企业亏损；长期没解决好就会导致品牌和声誉受损，企业竞争力就会进一步下降，并有倒闭的风险。许总把握住中国市场经济发展的阶段性特征，成功地利用市场机会快速打造出企业品牌，这也说明现阶段中小企业 CEO 将精力更多地放在外部市场和机会的拓展上。这本身没有错，但由于整体管理没有平衡好，导致内部管理被长期忽视。同时由于内部管理提升往往见效慢且不明显，导致 CEO 可能会选择性地进行管理。因此要解决问题的根本办法是：CEO 的管理要有整体性、全局性和长远性。眼睛不仅要向外看，而且要向内看；不仅要有重点，还要有平衡。

四、理论依据及分析

（1）运营战略理论（包括公司战略、经营战略和运营战略之间的内在关系）。

（2）运营管理的四大目标（成本、质量、速度及柔性）、四大目标之间的平衡关系及主次关系。

（3）质量成本中的控制成本和失效成本之间的平衡关系，产品质量与品牌塑造的内在关系。

（4）供应链视角下的质量管理理念（战略伙伴关系、双赢合作）和方法体系（激励体系、评价体系等）。

（5）质量控制理论和方法（旧七大手法和新七大手法）。

五、建议课堂计划

本案例可以作为专门的案例讨论课来进行。以下是按照时间进度提供的课堂计划建议，谨供参考。

整个案例课的课堂时间控制在 80～90 分钟。

课前计划：提出启发思考题，请学员在课前完成阅读和初步思考。

课中计划：简要的课堂前言，明确主题：约 5 分钟；

分组讨论：约 30 分钟，告知发言要求；

小组发言：每组 5 分钟，控制在 30 分钟；

引导全班进一步讨论，并进行归纳总结，时间在 15～25 分钟。

课后计划：如有必要，请学员采用报告形式给出更加具体的解决方案，包括具体的职责分工，为后续章节内容做好铺垫。

案例四：华大超硬工具科技有限公司如何保持竞争力

胡建兵

摘　要：在金融危机的影响下，华大超硬工具科技有限公司2009年的销售增速明显放缓，难以实现当初预计的产值翻番的目标。由于进入门槛较低，该行业内部市场竞争日趋激烈，单品售价下降较快。纪勇是负责管理工具厂生产运营的副总经理，他是跟随工具厂一起成长的，他把工具厂目前的战略目标定位为保持现有竞争力。工具厂目前可提供的品种类型很多，但生产批量小，导致在采购环节上无法实现大批量采购，因而不能享受到价格折扣，生产效率无法提高，生产成本居高不下，而且质量控制工作难度大，无法形成系统的质量控制体系。面对订单的减少和毛利率的下降趋势，工具厂及公司管理层不知该如何下手。

关键词：金刚石工业；生产运营；竞争力；金刚石工具厂

引言

尽管已进入9月份，但是在泉州地区，白天气温仍然高达30度。公司副总经理纪勇的新办公室里没有安装空调，只有一台黑色的立式风扇在转，但是办公室里并没有因为这台风扇的工作而变得凉快。作为负责公司旗下金刚石工具厂的副总经理，他多么希望自己生产的产品在今后的销量和价格上还能保持原有的热度。

前几年，由于生产厂家较少，金刚石工具厂生产的产品毛利率较高，最高时曾超过70%。但是，这几年进入该行业的企业越来越多，目前仅泉州地区就有1000多家企业，市场竞争越来越激烈，产品价格下降非常快。2008年1月报价为480元/米的普通型号的金刚石串珠绳，2009年9月降至320元/米，年降价比率高达20.5%，而原材料降价幅度不到10%，有些原材料的价格甚至不降反升，单位产品的生产成本并未显示出有下降趋势。尽管目前该厂产品的毛利率仍超过40%，收益上也总体不错，但按照该行业产品的价格走势，一年后毛利率将会下降至21%左右，到时工具厂将会面临较大的成本压力，因此纪总不得不居安思危，迎接即将到来的挑战。

纪勇所在的华大超硬工具科技有限公司（下文简称"华大超硬"）下设两个工厂：矿山机械厂和金刚石工具厂。作为公司两大系列产品之一的金刚石工具是公司早期起家的主打产品，产品销售收入占公司总收入的一半以上。前几年，该厂和机械厂一起挤在华侨大学大门入口左侧几间狭小的旧厂房内。随着公司规模扩大，尤其是机械厂的扩建，原有厂房已经无法满足公司的需要，于是2008年年底公司决定将工具厂搬迁到现在的新址，原址厂房全部给机械厂。公司各部门的办公室也随之迁移至新楼。新址位于华侨大学南侧南埔工业区辉艺鹏工业园，距离大学不到500米。华大超硬所在的园区西侧的大楼共五层，公司租用了第一至第三层。下面两层是工具厂的生产车间，第一层用于生产串珠绳，第二层生产圆锯片及各种刀头，第三层是公司各部门的办公室。即使考虑到公司及工具厂未来三年的发展规模，这三层新楼的空间还是足够的。

一、行业发展介绍

我国金刚石工业蓬勃发展，形成了独具特色的完整的工业体系，但与发达国家质量水平还有一定差距，存在不少问题。归纳起来主要有以下几个方面。

（1）整个金刚石工具产业缺乏统一管理和宏观调控。由于盲目发展，整个金刚石工具生产布局出现散而乱、遍地开花的局面，销售市场上产品质量不稳定，竞争无序，价格混乱。

（2）由于金刚石单晶生产与金刚石工具生产的发展不协调，我国金刚石工具的发展滞后于金刚石单晶的生产增长速度，造成金刚石积压和滞销，影响和制约了金刚石工业的持续发展，金刚石生产企业经济效益严重滑坡。

（3）金刚石工具应用领域较窄，产品品种单一，产品技术质量标准较混乱，缺乏统一的产品质量检测、监督的管理规范和标准。

（4）金刚石工具生产装备和整体技术水平比较落后，一些较先进的新技术、新工艺推广应用较慢。

（5）生产企业规模普遍偏小，生产不集中，工艺技术差，缺乏市场竞争力，经济效益不高。

（6）金刚石工具生产以及新产品开发、工艺技术研究等方面的资金投入不足。

（7）在金刚石工具使用过程中，钢材浪费严重；非正常磨损、脱落、残留的金刚石较多，使金刚石实际利用率较低。

今后，人造金刚石单晶的生产将进一步朝着规模化、集约化发展。金刚石行业属于高技术行业，从业人员的知识水平会有较大提高，更多的高智能人才会加入。金刚石各种制品将向高品质发展，以满足日益提高的石材高精度加工的需求，因此要求金刚石工具生产厂家必须掌握最新的生产技术、工艺来适应这种发展趋势。

二、泉州石材加工业

华大超硬的主要客户对象是石材生产和开采企业。整个中国的石材行业发展非常快，导致国际石材生产格局发生了较大的变化，中国已经超过意大利成为世界第一石材生产大国。中国是石材生产大国,而泉州石材出口份额占全国的近2/3。石材是泉州市国民经济重要的产业之一,目前已形成以南安、惠安、晋江、安溪、泉港为主要集聚地的石材产业集群。整个行业已发展成为集矿山开采、石材加工、石雕工艺、磨具生产、设备制造、市场销售等于一体的完整的产业链。现有企业3300多家,从业人员约50万人。2005年,泉州市石材业实现工业总产值约270亿元,占全国产量1/3,而出口额达13.78亿美元,占全国的近2/3。不过,中国石材的出口市场主要集中在日韩和东南亚的一些国家,欧洲市场所占的份额相对较小。

三、公司发展概况

华大超硬以华侨大学超硬工具研究所雄厚的技术作为依托,下设石材矿山机械制造厂和金刚石工具制造厂,专注于石材矿山开采机械和高端金刚石工具的开发制造,拥有"华大"牌自主商标和相关知识产权。公司研发实力较强,产品质量过硬。公司目前拥有较强的技术力量,采用先进的生产技术和生产工艺,运用科学合理的检测手段,保障产品品质的安全和可靠。公司秉承"质量第一,用户至上"的质量方针,"安全,诚信,互利"的经营理念,旨在"提供优质产品,争创行业领先"。公司在该行业拥有一定的知名度和美誉度,2006年被福建省科技厅认定为高新技术企业,2009年被丰泽区政府认定为区级重点企业。公司2008年销售额达2700多万元,其中80%以上的产品出口国外。由于较强的产品开发能力和过硬的产品质量,即使是在严重的经济危机影响下,公司产品始终保持了较好的发展势头,销售收入仍然保持了一定的增长。

尽管如此,与原定的目标相比,公司2009年完成销售目标的难度较大。公司计划每年的产值实现翻番,争取3～5年时间产值过亿,最终推动企业上市。但是从2009年第三季度的销售和生产完成量来看,2009年完成年度目标的可能性较小。尽管美国等国家声称金融危机已经见底,并有回升的迹象,但是金融危机的后续影响仍然存在,而且这种影响最近几个月开始在这家公司集中显现,有几家国外客户因受危机影响中止了购买合约。按照目前的销售情况来判断,预计年终产值能够完成 3500 万左右。

公司产品销售旺季是每年的 3 月至 11 月,淡季是每年 12 月到次年 2 月,主要销售对象是矿山,多数都是石材企业。而石材的开采与大多数采矿企业一样,生产时间在一年当中相对均衡,除非企业停工或停产,比如法定的节假日、重大节日等相对集中的时间段。但总体而言,淡季和旺季之间,市场需求波动并不是非常大,公司的产品销售市场在全球分布地域比较广,不同区域的需求波动基本可以相互抵消,对工厂的生产影响不大。可以说,公司没有特别明显的淡季和旺季。

公司是股份制企业,第一大股东华侨大学持有公司 40% 的股份。公司有 4 个小股东,余下的股份由公司高层管理人员持有。目前大股东华侨大学是通过学校下设的产业处这一部门行使对公司的监管等工作,包括在公司设立之初以厂房、办公用房等资产作价出资。

四、纪总其人

纪勇目前是公司的副总经理,负责工具厂的生产运营管理。纪总的年龄不到 40 岁,不过在公司时间较长,已有 7 年多时间。他毕业于南京师范大学化学系,后在江苏一中学做教师多年,主要教化学。可能是由于受多年教师生涯的影响,纪总做事的风格以"勤奋"和"务实"著称,他的表现在公司内部是有目共睹的,已连续多年被公司评为优秀员工。随着公司的发展壮大,他也由当初的一名普通员工成长为公司高层管理者。纪总表示,如果不是因为自己工作太忙,他还想再进修一下管理方面的课程,系统地学习一下管理知识,以提升自己的管理能力和水平,为今后的进一步发展打好基础。

五、公司组织结构

公司目前是实行董事会领导下的总经理负责制（公司组织结构如图4-1所示）。公司总经理不仅负责公司全盘工作，还负责管理公司的市场、研发和人事部门，而下设的两家工厂的生产分别交给两个副总经理直接负责。公司目前有员工200多人，其中机械厂120多人，工具厂80多人，研发设计人员20多人。

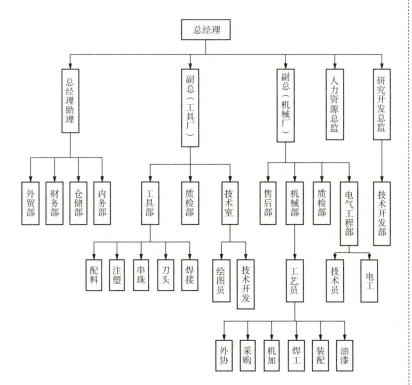

图4-1 公司组织结构图

六、公司产品系列

（1）矿山开采机械：矿山开采绳锯机、潜孔钻机、凿岩钻机、液压顶石机等7个品种。

公司历时三年，经过矿山上长时间切割实验，不断改进机械和电器控制系统，开发完善金刚石串珠绳锯机。机器可实现恒张力自动行走控制，主飞轮无级线速度调整，可大幅提高金刚石串珠绳的使用寿命，目前已通过代理公司批量出口至意大利、德国、俄罗斯、日本、巴西、印尼、南非、伊朗等国家。

（2）金刚石工具：金刚石串珠绳（见图4-2）、各类锯片、组合锯节块、大理石排锯节块、各种钻磨异形工具等共20多个品种，主要用于各种天然石材的切割、抛光、磨削、钻孔及定厚等加工。

其中切割系列的产品在公司所有产品销量中占比最大。切割系列产品主要包括两大类，即金刚石串珠绳和金刚石（圆盘）锯片。这两大类同时也是公司众多产品中最成熟和最成功的产品。

金刚石串珠绳，主要用于石材（如花岗石、大理石等）和混凝土的切割，不同种类的串珠绳可以分别用于矿山开采、荒料切割、整形切割及异形切割等，是矿山开采绳锯机中直接接触切割对象并不断磨损的部件。

金刚石串珠绳的主要加工原理是，在一根多股钢丝绳上面按比例穿套有一定数量的金刚石串珠颗粒（见图4-3），相邻串珠间由起支撑固定作用的隔离套（类似项链）分隔。金刚石串珠绳锯加工由直接参与切割用的金刚石串珠绳和驱动串珠绳运动的相应机械设备（即绳锯机）共同完成。加工前，利用铜套等对接套将一定长度的串珠绳首尾对接，形成闭合圈。加工时，张紧在绳锯机导轮组上的闭环串珠绳，然后在驱动力的带动下作高速运动，并通过串珠的磨削运动实现切割。

案例四　华大超硬工具科技有限公司如何保持竞争力

图4-2　金刚石串珠绳

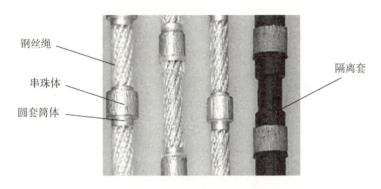

图4-3　金刚石串珠绳结构示意图

串珠绳的不同规格主要是按照串珠体的直径大小来划分的，范围大致为7.2～11.5mm，销售价格根据规格型号大小每米200～600元不等。长度为一米的串珠绳上均匀地套有许多（数量大致26～40个）金刚石串珠，相邻两个串珠之间用弹簧、注塑或橡胶注射等方式加以固定，也可以同时将多种固定方式相结合使用。例如针对较硬的花岗石，要求在加套弹簧的基础上再进行橡胶注射或是注塑，目的是防止串珠移位，同时对钢丝绳进行保护，防止钢丝绳因碎屑损伤而断裂。

金刚石串珠绳的主要销售对象是矿山和采石场以及石材加工厂，适用于荒料开采。目前矿山石材（例如花岗石矿山）的开采工艺有两种：第一种是传统的工艺，这是一种垂直火焰切割和水平爆破相结合的方法，主要设备和材料有火焰切割机、柴油和爆破材料等，这种方法不仅切割速度慢、粉尘噪音大、作业风险较高，还存在出

83

材率低、出材品质低等缺点,因此综合成本较高。第二种就是现代工艺,利用金刚石串珠绳锯配合绳锯切机切割(传统切割约每小时1平方米,金刚石串珠绳锯切割每小时2～4平方米)。

金刚石锯片,主要由两部分组成:基体与刀头(见图4-4)。基体是粘结刀头的主要支撑部分,而刀头则是在使用过程中起切割作用的部分,刀头会在使用中不断耗损,而基体则不会,可回收后再使用。刀头之所以能起切割的作用是因为其中含有金刚石,金刚石颗粒则由金属包裹在刀头内部。金刚石作为目前最硬的物质,它在刀头中摩擦切割被加工对象,在使用过程中,金属胎体与金刚石一起消耗,一般较理想的情况是金属胎体消耗较金刚石快。这样就既能保证刀头的锋利度,又能确保刀头有较长的寿命。公司生产的圆锯片一般的规格范围是 Φ250mm～800mm,根据客户需要工具厂可以生产出最大规格为Φ1800mm的锯片,其中Φ350～500mm规格主要用于半成品板材的剪裁加工,Φ600～900mm规格主要用于类似墓碑、墓柱等较厚石板(柱)的成型锯切加工,Φ1000mm以上的规格主要用于荒料的锯切成(板)材加工,目前以Φ1600mm锯片的使用最为普遍。

产品在国内销售到包括台湾省在内的二十多个省市区,出口产品销往美国、日本、欧洲、韩国、印度、东南亚、中东等20多个国家和地区。公司的竞争优势在于能够为客户提供丰富的产品品种,产品具有较高的性价比;也可个性化定制产品。

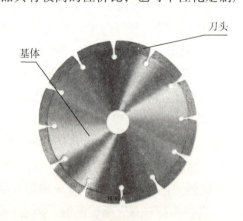

图4-4 金刚石锯片结构示意图

案例四 华大超硬工具科技有限公司如何保持竞争力

七、工具厂的设施布局

工厂两层生产车间采用"厂中厂"的方式进行布局，第一层的所有车间只负责生产串珠绳，第二层各车间只负责生产各类刀头和锯片。公司为串珠绳和刀头两类产品的生产分别添置了冷压机和热压机。但具体到每一类产品的生产时，机器设备均按照工艺专业化原则进行布局（如图4-5和图4-6所示）。由于公司为工具厂这两类产品预留了较大的生产能力，因此工厂设备目前还未发现明显的生产能力不足的问题。

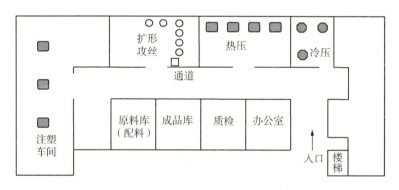

图4-5　工具厂第一层设施布置平面图

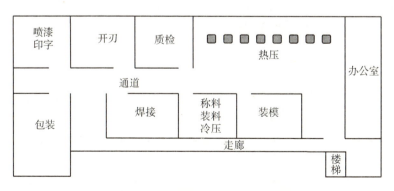

图4-6　工具厂第二层设施布置平面图

八、生产计划

工具厂根据市场部接到的客户订单进行产品生产,同时可根据客户的实际需求提供个性化的定制产品,比如客户需要特制的花岗石切边金刚石锯片或刀头时,公司可以在内孔尺寸、装配孔尺寸及位置、刀头齿数、刀头尺寸、刀头结构、锯片用途、订单数量、机器功率、进刀速度、期望的切深、冷却系统、期望的交货期等方面满足客户的定制要求。

工厂的生产计划以周为单位进行,每周工作日的最后一天工厂计划员根据公司市场部的订单情况,制定下一周的生产计划。考虑到订单的波动,会适量地做一小部分常规产品,以补充库存。工厂每周安排六天的生产,休息一天,每天只安排一个班次的生产,每个班次8个小时。遇到旺季,生产任务特别重的时候则要安排加班。在生产原料和部件采购方面,生产所用的原料和外购件部分本地采购,部分外地采购。例如,制造金刚石串珠体和金刚石锯片刀头所需的金刚石粉及其他各种金属粉末多从河南等地采购,采购周期2~3天;而钢丝绳、基体等部件可直接在本地采购,采购周期约一天。

九、产品生产工艺

工具厂目前生产的两大产品系列在生产工艺上大体相似,例如前四道工艺均为配料、混料、冷压和热压,后三道工艺均为包装、检验和入库,不同的是中间环节的工艺上存在差别,如图4-7和图4-8所示。

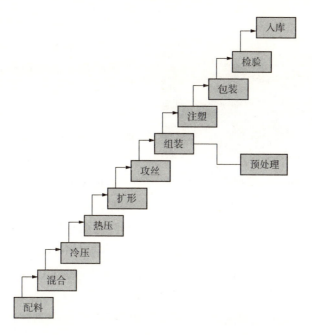

图4-7 金刚石串珠绳生产工艺流程图

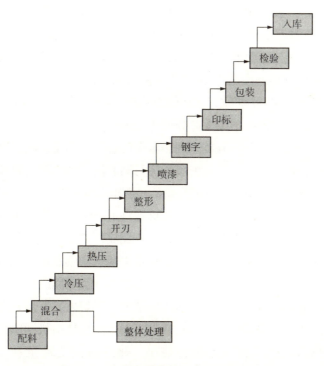

图4-8 金刚石圆锯片生产工艺流程图

图 4-9 三维混料机

对于金刚石串珠绳的生产来说，第一道工序就是将产品所要求的各种原材料粉末进行称重配料，然后装入一容器中。这一过程在一楼配料室进行，配料完成后，直接进入下一工艺步骤。上一工艺步骤完成之后，即转入配料混合车间，主要是将容器中的各种金属粉末进行三维旋转，从而达到混合均匀的目的。据厂房工作人员介绍，一般要用 3~4 个小时才能够把容器中的粉末完全混合均匀，所以厂里面共有 3 台这样的混合机（见图 4-9），基本上都是在全天候地运转。

冷压是指在常温下只靠外加压力使金属产生强烈塑性变形而形成接头的焊接方法。在冷压车间，共有 3 台冷压机，6 名工人负责生产，每两个工人共用一台机器。由于机器冷压的加工过程（冲压）只有不到一秒的时间，但工人装模具、卸模具需要大量时间，普通工人每 63 秒可完成一个模具的加工任务（过程：装料—冲压—卸模具），一个模具可同时加工出 25 个串珠，考虑到两名工人合用一台机器，冷压机的综合利用率为 $2 \times 1/63 \times 100\% = 3.17\%$，因此机器绝大部分时间是闲置的。

冷压后的串珠用容器送到热压车间进一步加工，利用高温对串珠进行热压烧结，从而使串珠体与圆套筒体结合得更紧密，并提高串珠体中金刚石粉的紧密度。热压车间有热压烧结机器 4 台，操作工 4 人，其中两名工人负责将上一工序送来的串珠装入模具。装模具的整个过程由个人独立完成，主要动作包括：工人取模具—往模具中填入押头—往模具中填入金刚石串珠—再往模具中填入押头。工人装好一个模具需要两分钟时间。另外一名工人专门负责将装配好的模具送入烧结的机器炉内，并监视机器的工作，然后将完成烧结的模具取出。一台热压烧结机同时可放入两个模具，叠加在一起进行烧结，热压时温度设定在 700~800℃之间，烧结时间约 16 分钟。最后一名工人负责将烧结后模具中的串珠和押头取出，并将串珠与两端的押头分离。一般的押头可以重复利用多次，直至报废。

经过热压后的串珠在接下来要经过扩形和攻丝两道工序。扩形是为了让串珠的孔径符合标准要求，因为在热压烧结过程中串珠会由于膨胀导致内径缩小；攻丝是为了让金刚石串珠内壁与钢丝绳外周之间形成螺旋形空隙。注塑时，空隙中将被注入橡胶或塑料，形成橡胶层或塑料层，从而将串珠固定在钢丝绳上，防止串珠沿钢丝绳滑动。扩形和攻丝车间有操作工人5人；扩形机和攻丝机共7台（扩形机3台，攻丝机4台），其中一台扩形机和一台攻丝机作为备用。扩形机均为半自动机器，工人先将烧结后的串珠放入指定位置，转动卡位手柄将串珠固定住，然后将扩形机手柄拉下，快速旋转的扩形钻头穿过串珠，工人抬起手柄，钻头抬起，再松开卡位手柄，串珠从正下方的出口落入事先准备的容器中，一个完整的扩形动作结束。完成整个过程一般需要5秒时间。扩形后的串珠要经过攻丝，攻丝机器有2台是半自动机器，在操作程序上与扩形操作大致相同，只是最后松开卡位手柄后，串珠不是自动落下，而是需要工人用手取出。而且考虑到攻丝过程会产生质量问题，每次取出后还要检查一下，因此，完成整个攻丝过程需耗时约8秒。另外两台是全自动攻丝机，每八秒完成一个串珠的攻丝程序，节奏更为稳定。

注塑不仅可以让串珠固定在钢丝绳上，还可以对钢丝绳进行保护，防止切割时碎屑进入缝隙损伤钢丝绳，进而造成断裂。在注塑车间，首先将攻丝后的串珠一个个依次套在钢丝绳上，而钢丝绳此前已经被处理过（比如去油）。套上串珠后的钢丝绳被一圈一圈地绕在一个木制轴盘上，放在注塑机入口端，然后准备注塑。该车间共有3台机器，2台用于注橡胶，1台用于注塑料，加工过程大致相同。加工时一台机器一般需要三人进行操作，由于串珠的内径比钢丝绳的直径大一些，套在钢丝绳上的所有串珠都是松动的，因此需要一名工人负责在模具开启前将模具需要的22个串珠沿钢丝绳推送到模具前，为装模做好准备，以节省装模的时间，另外这名工人还负责为注塑机供应橡胶条（或塑料条）。一个模具可同时加工两根串珠绳，在模具上对应位置可以

89

安装 11 个串珠，两根钢丝绳连带 22 个串珠同时装上模具进行注塑加工。当模具开启后，3 名操作工人一起将钢丝绳嵌入模具的槽内，并在出口端将两根钢丝绳用卡具固定住，然后将准备好的 22 个串珠依次压入对应的模具空腔中。开动机器，模具上下合好，大约在 105 秒后，自动注塑完毕，模具打开，工人迅速将模具中的串珠绳拉出，撕掉边缘上"长"出的多余橡胶块，顺便检查一下注塑有无明显缺陷，然后将注塑过的串珠绳往出口端拉出，同时另一边准备注塑的钢丝绳及串珠部分被工人嵌入模具中，准备下一次注塑过程。只要模具合上后，接下来的全部过程都是由机器自动完成的，而在这期间闲下来的工人可以为注塑好的串珠绳部分清理橡胶毛边。每一次完整的注塑过程（两根钢丝绳、22 个串珠）需要 200 秒，也就是说，一台机器每 200 秒完成共 22 个串珠长度的注塑任务。

在二楼的圆锯片的冷压加工过程中，整个加工分两阶段进行：第一阶段是集中工人先称好原料，称完料后，第二阶段开始采用专业分工和流水作业方法进行。这个过程需要由三名工人负责向模具中填料，由一名工人专门负责将装好料的模具卡紧锁住，送入冷压机并启动机器，另外一名工人专门负责将冷压后的模具卸下，并把空模具交给上游的装料工人。各工序的加工时间分别是：装料过程为 18 秒，卡模和冷压 26 秒，卸模 37 秒，三个工序加工共需要为 81 秒，而这一过程中冷压机的实际冷压时间只需 7 秒，机器的综合利用率为 $7/26 \times 100\% = 26.9\%$。

十、质量控制

工具厂在发展中不断引进先进的生产设备和工艺，现已形成了较强的金刚石工具生产能力。公司的试验、检测手段齐全，同时以质量改进、质量优化为方针，形成了一个行之有效的质量管理体系，并通过了 ISO9002 国际质量体系认证和欧洲 CE 认证。公司要求所有的员工都理解公司对于质量的要求及公司的质量方针，通过充分、有效的沟通，鼓励员工对质量提出合理化建议及更高的质量要求。

对于公司采购的原材料，质检部采用抽样方式进行入库检验，每一批金刚石粉都要随机抽检，主要检验硬度，检验方法是将取样的金刚石粉末先用电子秤称重，并记录原始重量数据。然后将这些粉末放入一台叫"冲击韧性测定仪"的机器进行冲击，通常需要对粉末进行1700次左右的冲击。冲击结束后，取出粉末倒入装有筛网的盒中，将那些粒度低于标准的粉末滤出，对剩下的粉末再称重，记录下新的重量数据，对两个重量数据求比值，并换算成百分比，这一百分比被称为"未破碎率"。根据这一值是不是在正常范围以内来决定这一批金刚石粉质量是否可以接受。不同类型产品对未破碎率的要求是有差异的。普通串珠加工所用的金刚石粉末对未破碎率的要求是50%～60%。

目前该行业对金刚石粉没有统一的标准，特别是硬度方面。因此公司对采购的金刚石粉进行质量把关时，原料是否符合要求没有明确的判断标准，更多时候依靠主观的判断。例如，只有当抽检的质量数据低于以往所交验的金刚石粉时，才考虑退货处理。在质量控制方面，纪总认为当前工厂生产的产品类型太多、太散，批量过少，质量控制存在较大的难度，加之质量控制方面的投入也不够，质检部在人员配备、质量检测设备和检测技术方面与较大规模的同行企业相比存在很大的差距，因此最终的产品质量不是很稳定。

就目前而言，公司最终产品的质量和性能状况等只有在客户生产现场才能得到，而这方面的数据还比较少。为改善产品质量，公司又迫切需要大量的现场使用数据，尤其是定制产品和新产品，没有这方面的数据就没办法进行质量改进。这一方面的问题也在困扰着纪总。

在生产过程中，质检部每隔一段时间对各工序加工的产品按抽样方式进行质检，检验方式依检验指标不同而有异：部件的外观、喷漆等直接用肉眼检查；而部件的强度，如刀头的焊接强度，则使用专业仪器进行检测，发现质量问题再进行返工。但是在实际生产中，公司对于半成品的质量检验和跟踪并没有形成严格的制度规定,半成品多依靠加工工人的自检,只有最终产品才逐一进行检验,即只有最终产品才能享受到"全检"待遇。

纪总在评价自己生产的产品在市场的竞争力时,认为自己的产品之所以被市场所认可,是因为产品的市场定位比一般企业稍高一些,因而售价也相应较高,而不是依靠低价格进行竞争。纪总将这些优势归功于工厂的产品开发部门和工厂所依托的大学研究所。除此以外,纪总认为该厂在产品品种方面也有一定的优势,即产品品种类型比较丰富,而且还可以根据客户的要求特别定制。不过在交货速度方面与那些少品种、大批量的同行企业的确存在差距。

案例四　华大超硬工具科技有限公司如何保持竞争力

案例使用说明

一、教学目的与用途

（1）本案例主要适用于生产与运营管理课程，也适用于质量管理和工业工程等课程。

（2）本案例的教学目的是通过分析本案例，让案例使用者熟悉生产和运营管理的基本知识与原理，提高学员运用这些知识分析实际生产和运营问题的能力，包括培养学员在生产与运营管理中应该具备的运营战略方面的思维和决策能力。

二、启发思考题

（1）该行业目前的主要发展特点是什么？

（2）该行业中企业竞争的主要焦点有哪些？

（3）该行业中主要产品有什么特点？客户的需求有哪些特点？

（4）该公司当前的毛利率很高的原因是什么？

（5）未来该公司的赢利前景如何？毛利率降低对金刚石工具厂的影响有哪些？

（6）作为公司副总经理和负责工具厂生产运营管理的纪总，有哪些问题需要考虑？哪些问题是当前着重要解决的？

（7）金刚石工具厂在同行业的竞争中到底有哪些优势和劣势？这些优势和劣势对公司的竞争力有哪些影响？

（8）金刚石工具厂目前的生产组织和运营管理有哪些特点？在计划安排、设施布置及质量控制上存在哪些不足？请你为纪总提出一些改善建议。

三、分析思路

教师可以根据自己的教学目标来灵活使用本案例。以下是本案例的一些分析思路，谨供案例使用者参考。

（1）从行业发展背景的角度分析行业整体走向及该公司的未来发展前景。

（2）在世界金融危机的背景下，分析该行业抗击各种风险的能力，并预测企业现在和未来将要面临的风险和压力。

（3）从运营战略角度（成本、质量、速度和柔性等）分析金刚石工具厂在生产运营方面所具备的战略优势，并根据未来行业发展走向分析金刚石工具厂与行业竞争焦点是否一致。如果不一致，应当如何调整运营战略？

（4）在生产组织和运营管理上，从成本控制角度分析企业目前存在的诸多问题，如部门设置、人员配置、绩效考核、流程控制、作业标准、设备利用等方面，寻找成本控制方法，从而防止毛利率继续下滑。

（5）从质量管理的角度，分析工具厂当前面临的主要质量问题，思考如何把质量管理与公司整体发展结合起来，既能够突出公司的竞争优势，又能够降低质量方面的成本。

四、理论依据及分析

（1）生产与运营战略理论
（2）运营管理的竞争理论
（3）生产能力和成本控制理论
（4）精益生产和精益管理理论

（5）质量控制理论和方法

五、建议课堂计划

本案例可以作为专门的案例讨论课来进行。如下是按照时间进度提供的课堂计划建议，谨供参考。

整个案例课的课堂时间控制在 80～90 分钟。

课前计划：提出启发思考题，请学员在课前完成阅读和初步思考。

课中计划：简要的课堂前言，明确主题：约 5 分钟；

     分组讨论：约 30 分钟，告知发言要求；

     小组发言：每组 5 分钟，控制在 30 分钟；

     引导全班进一步讨论，并进行归纳总结：15～25 分钟。

课后计划：如有必要，请学员采用报告形式给出更加具体的解决方案，包括具体的职责分工，为后续章节内容做好铺垫。

案例五：连天红（福建）家具有限公司专业技术人员招募与甄选

董 燕

摘　要：本案例描述了连天红（福建）家具有限公司基于企业愿景、使命与职位胜任特征的要求，依据精心设计的招聘流程进行专业技术人员招募和甄选的过程，考察了该公司：（1）在招募专业技术人员时校园招募方式和社会招募方式的使用；（2）专业技术人员职位胜任特征模型中各胜任特征的含义、行为描述，以及在甄选专业技术人员时使用的主要测试和典型的行为性与情境性面试问题；（3）运用层次分析法（AHP）对候选者在各胜任特征上的得分进行汇总和排序，并由此确定最终胜任者的过程；（4）对招聘效果与效率的衡量方式。

关键词：校园招聘；行为性面试问题；情境性面试问题；层次分析法

引言

不少企业的管理者认为：每位员工都能学会做好任何事情；为实现员工职业生涯的发展，组织应致力于改进每个人能力的"短板"，以填补员工技能"短板"为基础来实现每个人的职业生涯发展。据此，这些企业会根据申请者/员工具备的技能、经验、背景进行招聘甄选/晋升调配；基于企业与职位对人的要求，对员工的知识、技能进行培训和开发；通过培训弥补员工技能差距，监督员工实行有效的行为方式来实现员工业绩的改进。连天

案例五 连天红（福建）家具有限公司专业技术人员招募与甄选

红（福建）家具有限公司的管理者认为，每位员工的天赋和潜能都是独特且不容易改变的，每类职位有独特的胜任特征（即职位要求任职者所具备的，能够以之在某个或某些具体职位上取得最优绩效表现的内在的稳定特征或特点）。因此，企业应使员工的天赋、潜能与职位的独特胜任特征实现动态匹配。这是企业长盛不衰的"秘诀"之一。由此，连天红（福建）家具有限公司根据组织愿景、使命、战略和人力资源规划的要求，基于职位的胜任特征开展各类专业技术人员和管理人员的招募、甄选、使用、培训、发展等人力资源管理活动，最大限度地实现企业与员工的共同发展，保持企业的长盛不衰（思路详见图5-1）。

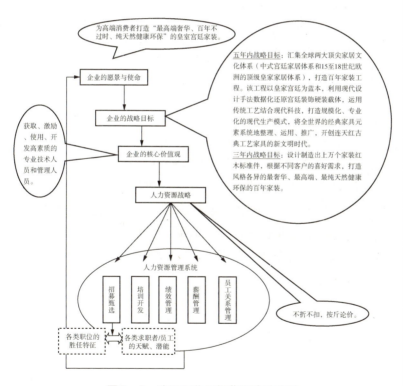

图5-1 连天红公司招募甄选思路图

一、公司简介

连天红（福建）家具有限公司位于中国古典工艺家具之都——福建省莆田市仙游县，是一家以生产中式宫廷家具为主，以设计生产与之相配套的布艺、工艺礼品为辅的大型家具企业。公司于2007年由董事长李机能创立，现已成功打造了一条集采购、研发、设计、生产、销售、服务于一体的完整产业链。

为向消费者提供美观实用的家具产品，该企业已投资数亿元人民币精心打造了占地200多亩的生产基地，先后建立了数十个6000多平方米的大型厂房，引进了近千台先进的现代化设备。此外，企业还召集了几千名精通木艺的能工巧匠，搜集实践了螺钿、漆画、百宝嵌等几十种工艺，建立了一支由多位专业技术人员组成的庞大设计团队，让家具产品真正体现其文化、艺术价值。

连天红公司通过四年多的努力，产品质量、生产规模和品牌价值位居同行业前列。凭借雄厚的实力（已在全国一线城市开设直营店194家；家具设计和生产品种达2000多种；年产值数十亿），完善独特的经营理念（不贴牌，不外包，坚持直营模式）和诚信为本的企业精神（"不折不扣，按斤论价"），荣膺"2010中国社会责任百强企业"，逐渐发展成为中国红木家具行业最具影响力的企业。

二、行业背景

2007年，受金融危机冲击，红木价格出现巨大跌幅，福建仙游仿古家具业也未能幸免，不少实力不强的企业纷纷停产关闭。连天红公司却选择"逆市"进入该行业，打破了行业的潜规则，成为业界知名的"搅局者"，将"不折不扣"的价值理念贯穿到产业链的各个环节，真正做到了让消费者、员工、国家受益。将连天红公司与红木家具行业的大多数企业做对照，人们可以发现，连天红的竞争优势不仅源自"以诚取信"的理念及实践，更有赖于全方位的创新意识与活动。在红木家具的设计和制造上，公司改革了该行业长久以来手工设计和制作的方式，将现代科技与传统手工艺相结合，打造出全新的设计和制作模式。例如，在红木家具的设计方面，公司的设计团队运用现代工程技术，精确地复制故宫家具，并融合现代美学原理，体现产品尊贵、典雅的气质。在红木家具的制作方面，公司的专业技术人员将所有的雕刻艺术图像进行数字化处理，再用数控机床软件自动制成毛坯，然后由雕刻师进行细致的雕琢，最后由磨工技师们精磨成形，实现了产品的古典风韵与现代科技的完美融合。

有效地吸引和挑选出高素质的专业技术人员对于连天红公司创造和维持竞争优势具有至关重要的意义。本案例尝试考察该企业招募和甄选专业技术人员的成功经验和做法，以期对其他企业有借鉴和启发意义。

三、连天红公司专业技术人员招募渠道的选择和使用

招募是指组织根据工作需要，选择使用合适的招募渠道，以吸引候选者来申请空缺职位的活动。甄选是指通过使用合适的测评方法，从候选者中选择合适的新员工的过程，最终实现合适的人员与特定职位的匹配。连天红公司招募和甄选的全过程见图5-2。

当公司出现新的职位或空缺的职位后，就有了获取相应人力资源的需求。此时，用人部门会向人力资源部提出用人需求。接下来，公司领导会同人力资源部经理一起对招聘需求进行分析和判断。招聘需求可能源自以下情况：某些员工离职或调动到其他

职位，产生职位的空缺；由于业务量的变化导致现有的员工无法满足需求。经分析，管理层会发现，空缺的职位不一定要通过招聘新员工来填补。以下方式如果可行，应被优先考虑。如将其他部门的员工调配到某空缺的职位上；现有员工加班加点完成工作；

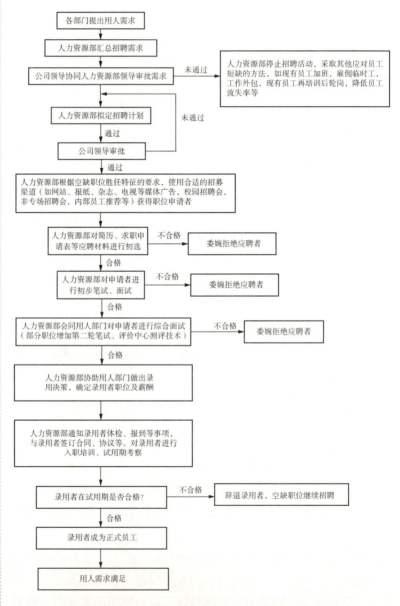

图5-2 连天红公司招募和甄选专业技术人员的流程

工作流程的重新设计等。招聘需求确定后，人力资源部就可拟定招聘计划，该计划得到批准后，就可以展开员工的招募和甄选了。

公司招募员工的途径有内部招募和外部招募两种，两种招募方式各有利弊。以下着重考察连天红公司招聘专业技术人员时外部招募渠道的使用。

连天红对专业技术人员的外部招募可以分为校园招聘和社会招聘两大类。

（一）校园招聘

校园招募是针对在校学生进行的招聘活动。学校是专业技术人才的集中地，是公司获取人力资源的重要源泉。连天红公司认为，毕业生具有文化易塑性。在校的学生在职业化行为、核心价值理念方面尚未成形，相对容易接受组织文化，因此他们与组织文化融合的阻力较小。同时，毕业生是最具潜力的候选者群体，对企业来说，通过校园招聘所获得的信息相对完整、可信度较高。目前，连天红公司主要通过学校宣讲会、毕业生双选招聘会、网络招募、实习留用等方式来获取校园技术人才。

连天红选择开展校园宣讲和招聘的学校有：南京林业大学（2010年11月，2011年11月）、南京工程学院（2010年12月）、山东大学（2011年4月）、福州大学（2010年12月）、福建农林大学（2010年11月）、泉州纺织服装学院（2010年11月）、泉州经贸学院（2010年1月）。企业主要选择专业对口的特色院校开展招聘，并与某些学校建立了长期的校园招聘合作意向。

校园宣讲会前，连天红公司会提前在学校发布招聘广告，让潜在的工作申请者初步了解公司及职位的情况，并确定自己是否参加招聘会。以2011年11月公司在南京林业大学的招聘广告为例（内容详见引文），为体现招聘广告的设计原则（即引起注意—引发兴趣—产生欲望—实施行动），公司在此则广告中用不同颜色和字体突出企业和产品的特色和优势、空缺职位的要求、联系方式等,尤其是"连天红——被称为'红木江湖的搅局者'"等字眼引起了求职者的注意和兴趣;求职者所关心的薪酬、福利、食宿、休假制度等也说明得清晰且有吸引力。这则招聘广告使企业在学校扩大了知名度,提升了影响力。在校园宣讲会上,公司会安排人力资源部招聘专员及部门经理等人就企业概况、发展前景、企业产品的特色、优势及招聘职位的信息向同学们作介绍,强调公司免费为员工提供食宿,试用时间按照个人表现及能力而定等独特的政策。宣讲会后,公司会发放求职申请表等,同学们递交应聘材料。之后公司会展开一系列的人才甄选活动。

南京林业大学(2011年11月18日)
连天红2012届百年家装校园招聘会

宣讲会日期:2011年11月18日晚7:00

宣讲会地点:50109室

一、公司简介

连天红(福建)家具有限公司是一家集研发、设计、生产、销售于一体的大型红木家具综合企业。公司生产项目于2007年动工建设,征地500亩,到现在总投资近13亿元,其中投入2亿元进行品牌宣传。通过四年多的努力,公司质量、规模和品牌已是全国第一,现已成功打造了一条集采购、研发、设计、生产、销售、服务于一体的完整产业链,是一个大规模、现代化家居用品生产基地。公司现有员工400多人,在全国一线城市已开设直营店194家。

当连天红"不折不扣,按斤论价"这一口号地毯式地轰炸全国各大媒体时,国内家具行业纷纷惊呼"狼来了"。连天红由此被称为"红木江湖的搅局者"。

…………

案例五 连天红（福建）家具有限公司专业技术人员招募与甄选

三、招聘信息

招聘职位	招聘人数	岗位概述	转正薪资范围
布艺设计师	20	◆负责开发坐垫、抱枕、床上用品、窗帘挂饰等。 ◆要求布艺软装设计、艺术设计等美术专业或艺术相关专业，有较系统的美术基础	3000～5000元/月
室内设计	20	◆负责公司百年家装工程的设计工作及全国各直营店店面设计 ◆要求室内设计、装饰艺术设计专业	3000～5000元/月
工艺品造型设计	10	◆负责公司红木工艺品的造型设计 ◆要求家具与工业设计学院的艺考类学生	3000～5000元/月
直营店店员	10	◆负责公司高端产品的销售，如客户接待、订单处理。 ◆专业不限，大专以上学历，女性，1.65米以上	3500～5000元/月
木材干燥技术员	2	◆对木材做相应的干燥处理 ◆要求木材科学与工程（材料工程）专业，有一定的木材干燥理论知识，能够分析木材的干燥特性	3500～5000元/月

休假：每周休一天，法定节假日放假

伙食：公司提供四星级酒店式自助餐，规格为50～80元/天，公司补贴2000元左右，而只是象征性地在个人工资里扣5.6%。比如一个月3000元，只扣150元左右。

住宿：公司有专门的宿舍管理员帮忙落实住宿问题，房租自付，一间大概在200～300元之间，若两人合租，一人150元。

福利：转正员工提供养老、生育、工伤、失业保险。

有意者请将简历及作品若干发送至招聘邮箱：26014313@qq.com

地址：福建省莆田市仙游县盖尾镇石马连天红产业园

联系人：傅素妹

电话：0594-7506969　15060371990

传真：0594-7168666

网站：更多详情请登连天红网站www.liantianhong.com。

连天红（福建）家具有限公司
2011年11月15日

连天红不仅在学校开展招聘活动，还与学校合作，吸收学生到企业实习。到企业中进行社会实践、实习或参观访问是一种深受学生喜爱的活动。通过这种活动可以让学生尽早了解企业，对企业产生兴趣而学生毕业时也会倾向于将他们接触过的企业作为自己选择职业时优先考虑的对象。在这方面，连天红与南京林业大学的合作可谓成功典范。2010年6月中下旬，南京林业大学17名应届毕业生进驻连天红，进行了为期半个多月的实习。其间，企业还组织学生开展产品设计比赛，切实提升了学生的产品设计能力。这次校企合作使得在校大学生更好地接触和认知了社会，了解了企业，熟悉了相关的生产工艺和技术，认识了自己，为以后就业打下坚实的基础；也使得连天红拓宽了人才的选择面，实现了学校与企业的共同发展。

针对学生可能对工作有不切实际的估计，对个人能力也缺乏准确的评价等问题，连天红公司借校园招聘的机会为学生们进行职业指导，帮助他们更好地认识自我，以便规划职业发展。为方便更多的学生了解企业，公司还在自己的网站上设立了"讨论区"，由人力资源部人员解答毕业生在本企业求职过程中遇到的各种问题和困惑。以下是其中一例解答：

问：应届生应聘贵公司的方式是什么？

答：一、2011～2012年连天红校园招聘会有三种应聘方式：

1. 参加连天红在福建各高校举办的校园宣讲会，通过宣讲会了解连天红后,在现场投递简历。

2. 通过连天红 2011 年校园招聘会专用邮箱（lthxyzp@163.com）投递应聘简历,邮件名称:"应聘—岗位名称—姓名—性别—学历—年龄",例如:"应聘—室内设计—张三—男—本科—25"。

3. 参加学校组织的校园招聘会,在现场找到连天红公司,投递简历。

二、个人简历应包括的内容有:姓名、性别、出生年月、民族、籍贯、婚姻状况、学历、身高、体重、毕业院校、专业、工作履历、外语能力、联系电话、E-mail、目前所在地、期望薪资待遇等。

三、在收到简历后,我们将尽快进行筛选。对于符合基本条件的应聘者,我们将电话通知或邮件邀请约见。对于应聘资料,我们将严格保密。

四、面试时,请携带以下资料:黑色水笔、二代身份证、一寸彩照 2 张、毕业证或就业推荐表,有学位证书的要带上学位证书,设计类的提供相关作品(不一定是应聘岗位的作品,可是其他设计类的作品)等。

（二）社会招聘

社会招聘是针对已就业的社会在职人员进行的招聘。连天红在做社会招聘时所用的渠道主要有:在媒体(如电视、网站等)上发布招聘广告;参加人才招聘会;内部员工推荐等。

通过媒体广告形式向社会公开招聘是连天红目前经常使用的人才招聘方式,这里的媒体主要是网络和电视。公司在选择招聘广告的承载媒体时,首先考虑的是各媒体的优缺点和适用情形(附表 1 比较了部分主要媒体的特征)。

连天红公司从 2011 年 3 月起,陆续在广西卫视、深圳卫视、四川卫视等媒体播放三分钟的招聘广告。在此之前,公司曾在中央电视台做过宣传广告("传承中式传统美学,雕刻现代经典风尚。连天红——中式红木家具典范:尊贵、大气、淡雅、高尚;不折不扣,按斤论价"),为后续各电视台招聘广告效果的发挥奠定了基础。所有这些广告都突出了企业"求真务实、不折不扣"的核心价值观以及尊重知识、尊重人才的观念，吸引了大批求职者，收到了良好的效果。

连天红公司在网络招聘上也是卓有成效的，它不仅在各地的人才招聘网站上发布广告，更利用公司自己的网站打造了与人才交流的平台。公司网站制作精美，内容丰富并不断更新。在网站上，访问者可以获取关于红木家具的各类专业知识和信息，这也成为吸引潜在候选者的方式之一，即让人才将公司网站作为获取专业知识的一个渠道，这样人才很可能会逐渐对公司感兴趣。连天红网站上设有"人才招聘"网页，网页上公布与空缺职位有关的各种信息以及公司的人力资源政策等。2011年年初，连天红在其网站上以"钱多 人傻 快来"为标题的招聘广告一经发布，就吸引了很多求职者。广告用自问自答的形式展示了公司给予员工的高工资、高福利等优厚待遇（用红色数字突出所招聘职位工资调整前和调整后的数额），强调了员工在公司的培训发展机会，体现了公司求贤若渴的迫切心情和诚意。"任何敢于挑战自我的人才、鬼才、怪才都可'速来'"尤其能激起求职者申请工作的愿望；"更多招聘详情点击进入，投递简历点击进入"更是激发了求职者立即申请工作的热情。

以下是连天红公司网站上发布的招聘广告。

钱多 人傻 快来

问：2011年神马最给力？

答：2011年连天红的工资最给力！

在连天红，即使是普通学徒也可带高薪培训！在过去的一年，连天红造就了年薪24万元的普通员工！

随着企业规模的不断扩大，爆炸式的发展需要大批量人才，亿万财富即将用来聘请，培养各类精英！

2011年连天红工资为同行的2倍!!!

问：2011年神马最犀利？

答：2011年连天红的福利最犀利！

案例五 连天红（福建）家具有限公司专业技术人员招募与甄选

在连天红上班，薪资水平达到同行业1.5～2倍，一入厂，马上给予办理工伤保险，转正后给予办理生育、养老、失业等保险。

伙食方面更加犀利，符合条件的设计、行政、管理等相关岗位，公司将提供豪华的五星级酒店式自助餐，而费用方面，只象征性地每个月末在员工工资里扣5.6%。假如一个月工资2000元，平均一餐1.2元即可享受到星级酒店的待遇。本二及以上学历的设计类人员一经录用，则提供五星级餐厅用餐，转正后享受副组长补贴900元/月，研究生试用期享受副组长补贴900元/月，转正后享受组长补贴1800元/月。

2011年的连天红，如此犀利、如此给力的薪资待遇，一个"钱多人傻"之地，一个展示才能的大舞台，任何敢于挑战自我的人才、鬼才、怪才都可"速来"！

以下发布2011年连天红招聘信息：

部门	主要岗位	调整前定价基准	调整后定价基准
木工车间	五片锯	250～300元/天	540元/天
	铣床、台镂	200～240元/天	480元/天
	安装工	150～200元/天	430元/天
	打眼	160～180元/天	300元/天
家具设计部	木工学徒	1800～2000元/月	中专以上机械类相关专业，试用期3500元/月，3年以上工作经验6000元/月
备料车间	磨锯	260元/天	460元/天
	选料、燻料、断板	140～180元/天	430元/天
	弯料、小带锯、跑车锯	130～180元/天	270元/天
电脑雕车间	电脑雕机手	130元/天	230元/天
	电脑雕操作员	100元/天	180元/天

续上表

部门	主要岗位	调整前定价基准	调整后定价基准
雕花车间	补材	80～180元/天	320元/天
	打胚	150～170元/天	280元/天
	开纹	140～160元/天	260元/天
	修光	120～140元/天	230元/天

■ ＞＞＞更多一线产业员工招聘详情点击进入

■ ＞＞＞更多设计人员招聘详情点击进入

■ ＞＞＞更多办公室行政类招聘详情点击进入

【投递简历点击进入】

咨询电话：0594－7506969

此外，连天红积极参加各类人才交流会，实现企业与求职者间的直接双向交流。企业还建立了奖励机制，鼓励员工向企业推荐人才。由员工、客户以及合作伙伴等推荐人才，这种方式的优势是推荐者对候选人较为了解，因此候选者与职位的契合度可能较高，组织的招募成本会降低。

连天红公司的招聘者除了善于利用上述各种正式的招聘渠道之外，还利用各种可能获得候选者的机会。如，他们注重建立人际关系网，在适当的场合分发公司的宣传资料及招聘宣传语。总之，公司在招募人才时，通常是几种招募渠道同时使用，相互配合，以有效地吸引候选者。

四、连天红公司专业技术人员的甄选

(一)专业技术人员职位胜任特征模型的内容及甄选时所运用的主要测试

企业招募来候选者后,就需要进行人员甄选。人员甄选是指组织通过一系列的方法、手段,对应聘者进行评价、区分,最终确定哪些人将被允许加入组织,哪些人将被淘汰的过程。连天红公司首先确定各类职位的胜任特征,再根据各类职位胜任特征的要求来甄选出合适的员工。

这种基于职位胜任特征甄选员工的做法有哪些益处呢?许多公司在甄选员工时,把重点放在工作要求等一些较为狭窄的方面,如雕塑或编程技能,却没有考虑到实现有效的绩效所需的其他素质。而职位胜任特征则给出了完成工作所需的全部要求,这就确保了招聘者除测评候选者必备的知识技能外,还考察他们是否具备完成工作所需的个性特点等关键因素。此外,在做出雇用决策前,企业需要确定候选者某些能力方面的缺陷是否可以通过培训与开发活动得到改进,如果可以,那么企业可以雇用这样的候选者,并通过培训使其能胜任工作。职位胜任特征就有助于确定哪些胜任能力可以通过培训获得,而哪些却不能。因此,企业可以更准确地评估候选者的资质,并判断为取得有效的绩效需要给候选者提供的培训的质和量。

图5-3是连天红公司为专业技术类员工确定的职位胜任特征金字塔模型,具体包括五大类胜任特征,构成金字塔形状。

下文就每类胜任特征的含义、行为描述、甄选时运用的主要测试及典型的面试问题进行描述:

1. 管理能力

管理能力包括计划的制定和执行能力、决策能力、组织协调

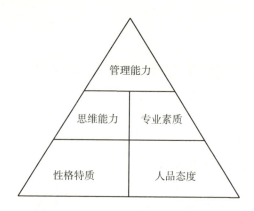

图5-3 连天红公司专业技术类员工的职位胜任特征模型

能力、沟通影响能力、培养和指导能力。

（1）计划的制定和执行能力，指能理解企业的总体战略，据此形成本部门及自己的工作目标，制定具有可行性的行动方案，通过有效组织各类资源、合理安排任务的先后顺序，确保计划顺利实施，完成工作目标的能力。

甄选时的关键考察点：制定具可操作性的工作计划，区分任务的轻重缓急，克服困难完成工作任务的能力。

行为等级：

等级1：能根据上级主管的明确要求，结合本职位的职责，制定工作的短期目标。

等级2：能根据目标的要求，将工作分解为关键的可操作性任务，为任务设立优先次序，形成时间进度安排，并在无意外事件发生的情况下，按进度安排完成任务。

等级3：在制定工作计划时，能恰当评估实现工作目标所需的人、财、物等资源，在某些资源不充裕的情况下，能用适当的方式获取所需的资源，并有效地使用这些资源，最终实现工作目标。

等级4：在执行计划的过程中，能建立监控和反馈机制，从整体上把握计划实施的进程，能做适当的反馈和调整。

等级5：不仅关注工作的短期目标，而且能兼顾工作的长期目标，有全局观。能主动评估计划执行中可能存在的风险，并预先制定应变方案，准备好应对各种困难和障碍，以确保短期及长期工作目标的实现。

甄选时运用的主要测试：行为性及情境性面试、文件筐测试、无领导小组讨论等。

典型的行为性及情境性面试问题有：

请描述您完成某项设计方案的例子，当时您是如何做计划的？在执行计划的过程中遇到了哪些困难？您如何应对的？

请讲述您的一次经历：当您就某项任务执行了一段时间后，明显感觉无法按计划进行下去（可能因为时间过于紧迫，或必需的某些资源欠缺），您当时是怎么做的？

如果您面临如下的家具设计任务/布艺设计任务……您会如何展开设计任务？如何有效地规划资源？

（2）决策能力，指通过对多个可行的技术方案进行分析和判断，确定最适当的方案及实施时机，并预估风险，确保工作目标实现的能力。

甄选时的关键考察点：对不同方案的分析和判断能力，做出恰当决定的果断性和风险意识。

行为等级：

等级1：在信息较完备的情况下，明确地向团队成员表明自己的要求，给予员工例行指示。当发生意外事件时，往往需他人的帮助才能处理。

等级2：面临多项方案时，能拒绝他人不合理的主张，坚持实施可行的方案。能独立应对某些突发事件，做出恰当的决策。

等级3：面对若干有竞争性的方案时，能全面考虑各种意见和主张，细致分析各方案的利弊及实施条件，及时做出恰当的决定。

等级4：能够尽可能全面地预测各方案的收益和风险，结合组织战略要求，及时做出抉择，并有应对风险的对策。

等级5：在局势复杂、影响因素模糊且风险较高的情况下，或者在大多数人反对的情况下，坚持有创意的方案，及时做出对企业长远发展有利的决策。

甄选时运用的主要测试：行为性及情境性面试、管理游戏、文件筐测验、无领导小组讨论等。

典型的行为性及情境性面试问题有：

请告诉我您的一次经历，当时您需要在几份有竞争力的家具（或其他）设计方案间选择，您是如何决策的？哪些因素左右了您的决策？您的决策事后被验证是正确的吗？

当您需要做诸如……的重大决策时，您会如何做？

假如您的两个下属各自提出了一个设计方案，您分析后发现，两个方案的利弊相当，这时您如何抉择？

（3）组织协调能力，指根据工作目标的要求，合理配置资源，调动相关人员的积极性，协调矛盾，及时解决和处理目标实现过程中各种问题的能力。

甄选时的关键考察点：对企业中各种资源的有效组织和配置，对矛盾、问题的妥善处理。

行为等级：

等级1：了解企业的资源状况，能基本保证完成工作所需资源的及时到位。

等级2：有一定的组织能力，愿意与人建立联系，能根据任务的轻重缓急分配资源，但对于参与者缺乏吸引力和控制力。

等级3：团队出现冲突时，能运用适当的协调技巧化解矛盾；必要时，借助企业中其他人的力量保证工作的顺利完成。

等级4：能用新颖、有创意的方式完成工作，能运用各种方法和技巧调动参与者的工作积极性，圆满地完成部门的目标；能同部门内外的员工保持融洽的关系，并能借助外力达到双赢。

等级5：善于和企业内外的人士建立合作关系，能及时有效地调用各种资源，克服由于他人原因造成的延误，圆满地解决超出自己控制范围的问题。

甄选时运用的主要测试：行为性及情境性面试、管理游戏、无领导小组讨论等。

典型的行为性及情境性面试问题有：

请描述您在设计某一家具产品时，遇到的技术困难，当时您是怎样应对的？

请举例说明您如何与同事相互配合，共同完成某项技术任务的。

假如需要由您组织一次企业内部的技术峰会，您会如何做？

设想您是一位技术主管，您的两位下属技术水平高超，但彼此有矛盾，为完成某项重大的技术任务，您将如何协调两位下属间的关系？

如果您和您的同事发现你们准备的家具设计方案（或其他技术策划方案）有问题，但你们还未找到问题的根源，与此同时，你们的上级很着急要得到该方案，您会怎么应对？

（4）沟通影响能力，指清晰表达自己的观点、意见，运用事实、数据资料等直接影响他人，或通过个人魅力、人际关系等间接影响他人，与他人进行互动，使他人接受自己的观点或采取自己预想的行动的能力。

甄选时的关键考察点：倾听的意愿，沟通方式的多样性，沟通结果的有效性，为影响他人所实施的行动的复杂性。

行为等级：

等级1：有沟通意愿，但采用简单、直接的方式对他人进行说服，试图使他人支持自己的观点或采取某种行动。

等级2：运用多种方法或论据对他人进行说服，表达清楚，但未针对他人的特点和情境的要求展开有针对性的说服。

等级3：善于根据他人的兴趣、利益、顾虑等灵活选择有针对性的影响方式；沟通时，观点明晰、思路清楚；能预先考虑不同对象的可能反应，制定备选的影响方案，提高成功影响的可能性。

等级4：能寻找并借助可以对他人产生影响的关键人物，有效地实施间接影响。

等级5：能在复杂多变的情形下设计系统的影响策略，与关键人物结成利益联盟，获取他们的支持，成功实施影响活动；对不同的沟通对象和情境有深入的认识，并能随机应变。

甄选时运用的主要测试：行为性及情境性面试、管理游戏、无领导小组讨论等。

典型的行为性及情境性面试问题有：

请说一说您与如下情况相似的经历：有一次，您的主管（或老师）不赞同您的设计思路，并当众批评您，让您处于尴尬境地,您当时是如何反应的?

请说说您成功地使别人参与、支持您的工作,并达到了预期目的的经历。

请说说您与这个情况相似的经历:您想出了改进某工作任务流程的好方法,您是怎样把您的想法介绍给您的主管的?

如果您的上级正在准备一个家具产品的分析报告,他预期在报告中印证他本人的一个观点,但作为助手的您,在经过一系列的分析和研究后,发现预测不但不会得到上级想要的结果,而且还会得出和他相反的结论。时间很紧迫,您的上级必须在报告中做出决定。这种情况下,您会怎么做?

如果您很欣赏某件设计产品,经过分析,您发现该产品会给公司带来丰厚的市场回报,而您所在的团队中的绝大多数人并不这么认为,您作为团队的普通成员(或领导者)会如何做?

假如您发现您的一位同事做了不道德的事,您会采取什么方法来促使该同事改正他的不道德行为?

假如管理层要对工作程序进行调整,但这会对您的工作造成影响,您会采取什么办法来说服管理层不要这么做?

如果您的上级总是在最后一刻才给您布置任务,您会采取什么办法来改变上级的这种工作方法?

(5)培养和指导能力,指有培养发展他人的意愿,通过关注他人的潜能与缺陷,为他人的工作提供恰当的指导,必要的支持、监督、反馈等,进而提高他人工作业绩的能力。

甄选时的关键考察点:培养、指导他人的意愿及效果。

行为等级:

等级1:对他人的成绩及进步能给予正面评价;对他们的缺陷或劣势有初步的判断,但未给予他们细致的辅导或帮助。

等级2:能对他人的工作给予示范或详细的指导,使其明白完成任务的具体步骤及注意事项;能针对他人的不同特点,采取恰当的指导方法,使其掌握相关知识。

等级3:在为他人做工作示范时,愿意与其分享成败的经验教训,进行讨论,加深他人对相关知识的理解,并运用测验、提问等方法来考察他人对任务或问题的理解程度,有意识地提高培训效果。

等级4：在他人完成任务时，除了对其做事前指导外，还会在其完成任务的过程中，及时提供客观的、有针对性的反馈意见，适时给予鼓励和支持，提高其工作业绩。

等级5：寻找他人需改进的领域，为其安排合适的工作任务、培训项目或实践机会，尤其鼓励他人承担有挑战性的任务，在控制风险的前提下使他人经受充分的锻炼，促进他人的全面成长与发展。

甄选时运用的主要测试：行为性及情境性面试、无领导小组讨论等。

典型的行为性及情境性面试问题有：

请举例说明您如何让一位不喜欢做某种任务的员工最终喜欢做该项任务？

请告诉我您的经历：您怎样使某位下属承担更多的责任，或承担他原本认为很难的工作任务？

请描述您的如下经历：您手下有一位表现一般的员工，您采用了什么办法来提高他的工作业绩？

设想您工作任务繁重，同时您所在的团队有一些新入职的员工经常对技术问题有疑惑，您会怎么做？

如果您的某位下属对提高自身技术水平不感兴趣，您会采取什么办法来转变他的态度？

2. 思维能力

思维能力包括分析能力、归纳能力、学习创新能力。

（1）分析能力，指通过把整体分解为部分来认识、分析事物的能力，即对问题进行有条理的以及因果式分析的能力。

甄选时的关键考察点：将整体分解为部分，进行因果分析，方案排序和甄选。

行为等级：

等级1：能将问题分解为相互独立的环节或活动。

等级2：能将问题分解为简单相关的若干部分，认识到事物间简单直接的因果关系，进行非此即彼的选择。

等级3：能将问题分解为相互关联的若干部分，认识到事物间一因多果、多因一果等复杂关系。

等级4：能将事物分解为相互关联且重要性不等的若干部分，识别出复杂的因果关系；能对某种原因或结果的重要性进行排序，判断不同解决方案的功效。

等级5：熟悉相关事物的复杂因果关系，预想若干解决问题的方案，在衡量利弊及可能性的基础上，选择恰当的方案。

甄选时运用的主要测试：专业性笔试、智力测验、行为性及情境性面试、文件筐测试、无领导小组讨论等。

典型的行为性及情境性面试问题有：

请描述您运用分析能力解决某个有挑战性的专业问题的例子。您遇到的最大障碍是什么？您是如何应对的？您从那次经历中体会最深的是什么？

请分析……工艺/技术的前景。

（2）归纳能力，指由部分结合成整体来认识事物的能力，在面对复杂的问题或现象时，能发现和确认关键点，并能有效地解决问题。

甄选时的关键考察点：对信息加以分类、总结、提炼、分析的能力。

行为等级：

等级1：能运用浅显的规律和常识确定问题的实质，当所遇到的问题与以前接触过的问题相同时，能识别出问题的共同之处并运用以前的经验解决问题。

等级2：面对不完全相同的问题或现象时，能识别出不同情形间的相似之处。

等级3：能运用已知的规律和经验，对新问题进行整体分析和处理。

等级4：面对复杂的情形时，能将各种观点、思路、信息加以汇总、提炼，归纳出有价值的论点或结论。

等级5：在处理复杂的问题时，能发现别人未曾发现的关键点，并深入问题的本质，创造性地提出问题的解决方案，并总结出相应问题的规律。

甄选时运用的主要测试：专业性笔试、智力测验、行为性及情境性面试、文件筐测试、无领导小组讨论等。

典型的行为性及情境性面试问题有：

请描述您运用归纳能力解决某个有挑战性的专业问题的例子。您遇到的最大障碍是什么？您是如何应对的？您从那次经历中体会最深的是什么？

对于……技术难题，您有什么解决办法？

（3）学习创新能力，指愿意通过各种机会增加学识、提高技能，勇于挑战传统的技术、各种方法，在工作中推陈出新、追求卓越，进行创新型活动的能力。

甄选时的关键考察点：善于利用多种途径和资源为自己创造学习机会，并运用于工作实践中；敢于尝试新思路、新方案，及时总结经验教训。

行为等级：

等级1：当面对新问题时，通常运用以往的经验进行判断及处理。

等级2：关注身边发生的新技术和新方法，能与以往的技术方法作对比，识别出差异，并能思考新技术对自己的工作可能产生的影响。

等级3：经常对现有技术提出问题，有独到的见解，适时将新的方法、技术、观念运用于工作中。

等级4：能改进现有的方案或项目，设计出更优秀的产品，推行更有效的工作方式。在实施上述新举措前，能进行可行性分析及检验，降低风险。

等级5：能形成和运用新的方法或观念，推出新的发明或创造，有确认及衡量风险的能力；积极鼓励他人寻求解决问题的新方式，对变革与创新持开放态度。

甄选时运用的主要测试：专业性笔试、创造力测验、行为性及情境性面试、文件筐测试、无领导小组讨论等。

典型的行为性及情境性面试问题有：

请说说您以往发明或创造……新产品的例子。

请举例说明您具备学习创新能力。

您对本企业的……产品，有什么完善或修改意见？

您会采用哪些方法鼓励下属的学习兴趣（提升下属的创造能力）？

3. 专业素质

专业素质包括专业知识与能力、成本控制能力和客户导向能力。

（1）专业知识与能力，指候选者对专业知识的掌握和实际操作与运用的能力。

甄选时的关键考察点：专业技术知识的深度、广度及影响力。

行为等级：

等级1：当被问及专业问题时，能告诉别人他对一些技术问题的理解。

等级2：当被问及专业问题时，尽力回答更深入的问题，会告诉他人额外的知识，以帮助他人解决技术问题。

等级3：像技术顾问一样，适时地主动提供技术帮助。在工作中寻找机会帮助他人解决技术难题并提升他人的技术水平。

等级4：主动向他人介绍新的技术知识，并致力于让新的技术知识得到公司内部员工的认可。

等级5：通过公开演讲、发表文章等方式传播企业的技术知识（在不泄露公司机密的前提下），使企业的新知识、新技术广为人知，扩大公司的技术影响和知名度。

甄选时运用的主要测试：专业性笔试、行为性及情境性面试、文件筐测试、无领导小组讨论等。

典型的行为性及情境性面试问题有：

请讲述您解决××技术难题（企业根据不同专业技术职位的要求设定合适的技术问题）的经历。

请解释××技术术语，您在以往的工作（或实习）经历中是如何运用该技术的？

请谈谈您对××（如某家具设计思路）的理解。请谈谈您最成功的一次设计，成功之处在哪里？如果××类型客户需要您

案例五 连天红（福建）家具有限公司专业技术人员招募与甄选

设计××风格的家具，您的设计方案是什么？

请谈谈您是如何致力于××技术/知识在企业内的传播的？

在您任务繁重的情况下，以往与您有过节的一位同事碰到技术难题，而您恰好是解决该难题的高手，此时您会怎么做？（考官注意考察候选者是主动提供帮助，还是等同事向其求助再予以解答。由此从一个方面考察候选者是否乐于展示出组织公民行为）

（2）成本控制能力，指在确保工作顺利完成的前提下，通过控制成本、增加产出、重整流程等手段，使投入产出最大化的能力。

甄选时的关键考察点：积极寻求成本节约、利润最大化的意识和能力。

行为等级：

等级1：能运用预算工具对工作中出现的成本进行合理估算。

等级2：在确保工作质量的前提下，审核工作的支出，将费用控制在预算内。

等级3：对他人的不合理开支，能加以劝阻；勇于挑战会增加开支的官僚做法。

等级4：积极寻找机会，以新颖的方式开展工作，优化工作流程，精简工作任务，节省开支。

等级5：能进行合理的投入产出分析，能识别高产出项目，并增加有效投入，实现部门及企业的最大利益。

甄选时运用的主要测试：专业性笔试、行为性及情境性面试、文件筐测试、管理游戏等。

典型的行为性及情境性面试问题有：

请描述您发起过/参与实施过的技术改造/流程优化的经历。

您如何核算××项目的投资回报率？

假设您来到某个××技术部门工作一段时间后，发现主管/同事在工作过程中的铺张浪费行为，您会如何做？

如果您需在两种设计项目（考官可针对不同的技术岗位对项目做细致的描述）间抉择：一种开支少，收益低，另一种开支大，但收益高，您会如何抉择？

（3）客户导向能力，指以客户需求为导向，想方设法帮助和服务客户，为客户创造价值，提高企业在客户心目中的地位的能力。

甄选时的关键考察点：关注内外部客户需求、解决客户问题的意愿和能力。

行为等级：

等级1：能倾听客户的疑问、咨询，及时回应客户的需求，解决常规性的客户问题。

等级2：与客户保持沟通，当客户需要帮助时，能及时应答；致力于为客户提供便捷、有效的产品和服务。

等级3：当常规产品或服务不能满足客户要求时，能为客户提供个性化的方案，愿意为此付出额外的时间、精力等资源。

等级4：能挖掘客户的潜在需求，有效开发适合客户品味/特点的产品及服务。

等级5：发挥客户的顾问的角色，能为客户量身裁定独特的产品及服务，积极参与客户的决策过程，谋求与客户建立长久关系，并取得客户的长期信赖。

甄选时运用的主要测试：

行为性及情境性面试、角色扮演、无领导小组讨论等。

典型的行为性及情境性面试问题有：

请说说您成功处理客户抱怨的例子。

若客户提出的家具设计理念超出您目前的能力，您会如何做？

若您设计的某种家具图纸拿到下游生产部门生产时，出现××技术问题，您会怎么做？

4. 性格特质

个人的性格特质包括成就动机、关注细节、坚韧性、灵活性、自信心。

（1）成就动机，指个体有不懈地追求工作成功的愿望，不断为自己设定有挑战性的目标，致力于事业的卓越和辉煌。

甄选时的关键考察点：设定有挑战性的工作目标，克服重重障碍，不断攀登事业高峰。

行为等级：

等级1：愿意将工作保质保量地完成，对工作中的失误及低效率感到沮丧。

等级2：努力将工作做得更好，在没有外界要求的情况下，能自觉将工作做好。

等级3：不满足已有的业绩，为自己设定业绩进步的标准，不断鞭策自己取得进步。

等级4：不断对现有的工作内容和方法加以改进，设法提高产品性能或工作效率，以提高工作业绩。

等级5：为自己设定极具挑战性的工作目标，有超越竞争对手的决心，并采取适当的行动出色地完成目标。在工作中有强烈的表现自我的愿望，不懈地追求事业进步。

甄选时运用的主要测试：心理测验、行为性及情境性面试、无领导小组讨论等。

典型的行为性及情境性面试问题有：

谈谈您花费很大精力完成某个项目的经历。

您通常如何安排业余时间？

为准备××技术项目，您会做哪些工作？

如果您工作很努力，但您的主管对您的工作仍感到不满，而该主管是一位技术精湛，但脾气暴躁的人，您会怎么做？

（2）关注细节，指个体对工作中细微的方面具有很敏锐的感知能力，随时了解事情发展的细微动态，能及时并妥善地处理工作中的细节问题，圆满地完成工作。

甄选时的关键考察点：对工作细节问题的洞察、感知及妥善处理。

行为等级：

等级1：对工作各环节要求严格，按操作规范完成各步骤，较少出现错误。

等级2：主动对工作所需的信息、资料、仪器设备等进行核查，以确保工作如期完成。

等级3：重视工作中的各种细节问题，并能妥善处理相应的问题，从而使工作得以顺利进行。

等级4：注意督促下属或提醒其他员工对工作的各环节进行多角度、全方位的审查，确保工作准确无误。

等级5：对工作的细节方面有敏锐的感知力，主动学习并运用各种方法以改进工作细节的完成质量，确保工作圆满完成。

甄选时运用的主要测试：心理测验、行为性及情境性面试、无领导小组讨论等。

典型的行为性及情境性面试问题有：

请举例说明您对细节的关注帮助您成功实施某个项目的经历。

请举例说明您如何处理关注细节与着眼全局的关系。

您认为在完成××技术任务的过程中，应注意哪些细节问题？

（3）坚韧性，指个体坚持不懈地沿既定目标前进，即使身处艰苦或不利的情形下，也能克服外部及自身的困难，坚持实现工作目标。

甄选时的关键考察点：在遇到困难时不放弃，努力用各种方法克服困难。

行为等级：

等级1：能树立不轻言放弃的信念，在遭遇挫折或批评时，能抑制自己的消极想法。

等级2：为实现工作目标，能坚持不懈地努力工作，对于枯燥、繁琐的工作任务也能坚持到底。

等级3：能承受较大的工作压力，并采取积极的行动去克服困难。能正确对待自己的错误，并从中吸取教训，冷静地处理与他人的矛盾。

等级4：能有效控制及调节压力，在巨大的压力下能保持冷静，并将注意力集中于如何解决问题上。

等级5：面对突发情形或极其困难的条件，能毫不退缩，团结他人为实现目标共同奋斗；在屡次失败的情况下，不放弃尝试新的思路和方法，坚持探求完成工作的更好方法。

甄选时运用的主要测试：心理测验、行为性及情境性面试、角色扮演等。

典型的行为性及情境性面试问题有：

请举例说明，您的主管曾要求您完成甲、乙、丙三件同样重要而又无法同时进行的工作。您当时是怎么做的？（没有工作经历的应聘者可能无法回答上述问题，但他们在学校或日常生活中也会遇到类似情形，所以面试考官可以这样询问这类应聘者："请举个例子，在某种情形下您需要同时完成好几项任务，而且它们都同等重要。您当时是怎么做的？您可以用学习或生活中的例子来说明。）

对于您设计的××技术方案，您的客户起初并不接受，您如何应对？

"假设您与客户达成某家具设计协议后，便着手实施家具设计，其间客户突然向您提出家具设计方面的重要变动。您意识到这种更改会给公司带来损失，而客户又与公司有长期合作关系。在这种情形下，您如何应对？"

（4）灵活性，指在工作条件及环境发生变化时，能因地制宜地调整自己的工作内容、方式等。

甄选时的关键考察点：把握时机，随机应变。

行为等级：

等级1：能认识到情况的变化，面对新的环境、条件时，愿意调整。

等级2：能对变化了的情况做出恰当分析，并能理智地判断自己应当如何调整。

等级3：不固守陈规，能适时对工作流程、方法等做调整，并根据调整结果做适当修正。

等级4：在适当的情形下，在企业内部发起短期的或小规模的调整，以适应变化的情况。

等级5：在不违背企业原则的前提下，对工作内容、方式、步骤等做大规模的、长期的调整以适应变化的情况。能适应内外部客户及工作伙伴的不同工作风格和知识水平。

甄选时运用的主要测试：心理测验、行为性及情境性面试、角色扮演等。

典型的行为性及情境性面试问题有：

您如何处理原则性与灵活性间的关系？请举例说明。

请讲述一个例子，当时您和其他部门因工作协调问题而发生冲突，冲突是如何解决的？您在解决该问题中起了什么作用？

在您即将外出休假的前一天晚上，您突然接到工厂的电话。原来工厂出现了一个只有您才能解决的技术问题，您被要求返回工厂处理此事。您意识到处理该技术问题会占用您的休假时间。在这种情形下，您会怎么做？

（5）自信心，指相信自己有能力完成某项任务、解决某种问题的信念。

甄选时的关键考察点：相信自己的能力和判断，敢于挑战传统做法，坚持自己的主张。

行为等级：

等级1：可行动告知他人自己有单独完成某事的能力，不需要监督或帮助。

等级2：在适当的时候，即使他人反对也能突破传统，独立行动并承担责任。

等级3：在冲突中能清晰表达自己的立场，以行动证明自己的自信，成为任务成功完成的重要推动者。

等级4：对自己的能力信心十足，愿意承担有挑战性的工作。在与权威人物产生意见分歧时，能直截了当、不失礼仪地表达自己的主张。

等级5：坚信自己的实力，主动选择极具挑战性的任务。能始终坚持正确的观点不放弃，在与他人发生意见争议时，能做到有理有力有节地论争。

甄选时运用的主要测试：行为性及情境性面试、演讲、无领导小组讨论、角色扮演等。

典型的行为性及情境性面试问题有：

您遇到一位要求苛刻的客户，请说服他接受××设计项目。

您是应届毕业生，与有工作经验的求职者相比，您有什么优势？请举例说明。

请就××技术问题做一次 10 分钟的演讲。（考官可适时提出疑难问题、尴尬问题等，考察候选者的反应）

是否有客户，同事，上级，老师让您处于尴尬境地的情形，您是如何应对的？

如果您的上级就您的素质做出的一些评价与您的实际情况不符，您会怎么做？

5. 人品态度

个人的人品态度包括诚信正直、敬业忠诚。

（1）诚信正直，指能坚持道德规范及企业准则正直处世，并能抵制不道德行为。

甄选时的关键考察点：遵纪守法、实事求是、恪守承诺、正直廉洁。

行为等级：

等级 1：遵纪守法，按照企业的政策和规则行事，不逾矩。

等级 2：以诚待人，不轻易许诺，但会信守已做出的承诺。

等级 3：能对事情做出公正的处理，不为个人利益左右，不弄虚作假。

等级 4：能在有压力的环境下坚持原则和操守，不以权谋私。

等级 5：做他人道德的楷模，对他人违背道德准则的行为能做有效的劝导和纠正，维护企业形象和利益。

甄选时运用的主要测试：诚信测验、行为性及情境性面试等。

典型的行为性及情境性面试问题有：

讲述您的道德感受到挑战的例子。

您是怎样理解和运用职业道德准则的？

如果您发现上级/同事的某种行为有违企业的规章制度，您会如何做？（考官可追问：您是否担心您的上级/同事会因此而对您有看法？）

如果您和一位同事发生了矛盾，恰好有一位客户来找他，而他不在现场，您会怎么做？

如果您的一位下属违反了企业的行为规则，而且涉及一些财务问题，但是您和他的私人关系很好，并且该员工平时工作表现一直不错，在这种情况下，您会怎么处理？

（2）敬业忠诚，指认真履行工作职责，全身心投入工作中，愿意为了企业的利益做出牺牲。

甄选时的关键考察点：不畏劳苦，甘于奉献，尽心完成工作任务，自觉承担责任。

行为等级：

等级1：保质保量地按时完成工作，在工作时间不处理私人事务，不迟到早退。

等级2：对职责范围内的工作进展情况及时进行核查，积极处理出现的问题，保证工作按标准完成。

等级3：当工作中需要同时处理职责内和职责外的任务时，能主动采取有效措施，及时完成各类工作。

等级4：对工作充满激情，为圆满完成任务宁可放弃休息时间。努力克服工作中的各种困难以顺利完成工作。

等级5：坚决支持企业战略目标的实现，即使面临巨大压力或个人利益受损时，也能坚持完成工作。

甄选时运用的主要测试：行为性及情境性面试等。

典型的行为性及情境性面试问题有：

请举例说明您主动承担额外的职责给企业/部门带来利益。

在您以往的工作中，有没有做过职责要求之外的事？如果有，请描述该经历。

如果您的直接上级不在，而您又不得不做出超出您的权限的决定时，您会怎么做？

如果有人当着您的面，批评您所在的公司（或部门），您会怎么做？

假设您已做到很高的职位，突然有一天企业把您调动到另外一个部门，让您从头做起，您会怎么办？

您如何理解"当一天和尚就敲一天钟"？

（二）职位最终人选的确定——层次分析法的运用

连天红公司根据上述职位胜任特征的要求对专业技术类候选者进行考察后，接下来运用层次分析法（AHP）进行挑选决策。该方法将定性与定量分析相结合，将决策者的主观判断用数据形式表达出来，并进行科学处理。因此，该方法能处理复杂的、多准则的决策问题。其基本原理是排序，即将各候选者排出优劣次序，作为甄选决策的依据。具体来说，该方法将甄选决策视为受多种因素影响的系统，这些相互关联和制约的因素可以按照它们之间的隶属关系排成从高到低的若干层次。再由决策者对各因素两两比较重要性，并运用数学方法，对各因素层层排序，最终对排序结果进行分析，并做出甄选决策。

连天红公司专业技术类员工的胜任特征可用递阶层次结构展示如图5-4。

若连天红公司需要在甲、乙、丙、丁四位候选者中选择一位最优秀的人从事某专业技术岗位的工作，企业有6位考官分别对他们在每个胜任因子上做了评分，由此得到每位候选者的平均分值（用百分制计分，见表5-1）。（层次分析法的具体实施步骤见本文附录2）

表5-1 候选者各因子平均得分汇总表

准则	B_1				B_2			B_3			B_4				B_5	
因子	C_{11}	C_{12}	C_{13}	C_{14}	C_{15}	C_{21}	C_{22}	C_{23}	C_{31}	C_{32}	C_{33}	C_{41}	C_{42}	C_{43}	C_{44}	C_{45}	C_{51}	C_{52}
甲	68	95	70	81	80	77	85	89	90	77	80	72	86	84	65	87	85	72
乙	87	85	96	94	93	90	93	84	94	93	86	85	82	77	72	95	90	85
丙	85	75	85	86	85	75	95	94	78	91	97	86	85	95	85	85	85	95
丁	92	85	87	81	77	89	72	84	87	72	87	96	93	94	86	82	72	75

依据各因子权重及候选者得分，可算出候选者的综合得分（见表5-2）。

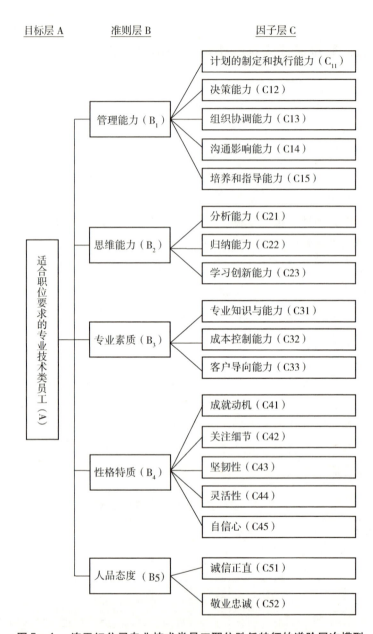

图 5-4　连天红公司专业技术类员工职位胜任特征的递阶层次模型

表 5-2　候选者综合得分

候选者	综合得分
甲	81.47
乙	88.52
丙	86.09
丁	82.50

据此，公司选择乙填补相应职位。

当候选者经过层层选拔被企业确定录用后，人力资源部就会通知他进行体检、报到等事项，企业与劳动者签订劳动合同、协议等。录用者进入企业工作后，接受入职培训与试用期考察，通过试用期考察的将成为企业的正式员工。至此，企业的用人需求方得到满足。

五、专业技术人员招聘及甄选活动的评价

为实现对招聘活动的全程监控与评估，在招聘与甄选的各环节，连天红公司用以下指标对招聘的效果与效率作衡量，以确保招聘活动给企业带来最大收益。

1. 招聘渠道的产出率

产出率指在企业的招聘和甄选流程中，能从一个阶段成功地进入下一个阶段的人数在上一阶段总人数中所占的比例。

2. 招聘及甄选活动的质量

这一系列指标包括某招聘渠道吸引来的候选者就职后的业绩和任期；新员工在入职 6～12 个月内的自愿离职率及晋升率；新员工在甄选测试上的表现与其入职后实际业绩间的相关程度（该指标反映甄选测试工具在预测员工业绩方面的有效性）。

3. 招聘及甄选成本

招聘及甄选成本包括每招聘一名新员工所花费的平均成本和总招聘成本,以及每名新员工及每类专业技术人员所花费的测试成本。

表5-3显示了连天红公司为填补某专业技术职位而采用的五种招聘渠道的产出率及招聘成本。从该表可以看出,省内高校及内部员工推荐是两个最佳的招聘渠道。尽管通过报刊广告招募来的人数是最多的,但真正符合职位要求的人却很少。到全国知名高校招聘可以招聘到素质较高的求职者,但是最终会接受公司所提供的职位的人却相对较少。猎头公司可以帮企业招聘到人数不多但质量很高的候选者,只是与其他几种招募渠道相比,它的招聘成本太高。

表5-3 五种招聘渠道的产出率与招聘成本的比较

招聘渠道 简化了的甄选流程	五种招聘渠道				
	省内高校	全国知名高校	内部员工推荐	报刊广告	猎头公司
(1) 该职位吸引的求职简历的数量	200	400	50	500	20
(2) 接受面试的求职者数量	175	100	45	400	20
从(1)到(2)的产出率 $\left(=\frac{(2)}{(1)}\right)$	87.5%	25%	90%	80%	100%
(3) 合格的候选者数量	100	95	40	50	19
从(2)到(3)的产出率 $\left(=\frac{(3)}{(2)}\right)$	57.1%	95%	88.9%	12.5%	95%
(4) 接受工作的人数	90	10	35	25	15

续上表

招聘渠道 简化了的甄选流程	五种招聘渠道				
	省内高校	全国知名高校	内部员工推荐	报刊广告	猎头公司
从（3）到（4）的产出率 $\left(=\dfrac{(4)}{(3)}\right)$	90%	10.5%	87.5%	50%	78.9%
累积的产出率 $\left(=\dfrac{(4)}{(1)}\right)$	45%	2.5%	70%	5%	75%
总招聘成本（元）	30,000	50,000	15,000	20,000	90,000
平均每雇佣一名新员工的招聘成本（元）	333	5,000	428	800	6,000

4. 招聘及甄选所花费的时间

招募及甄选的时间包括从组织的招聘活动开始到申请者申请工作为止的总时间及各招聘阶段所花费的时间。

连天红公司有一个跟踪招聘各环节活动所花费时间的系统。有了这样的系统，公司对招聘效率的审核变得较容易。表 5－4 以某职位招聘为例，显示出各环节大致的时间成本。

表 5－4　连天红公司"电脑雕设计师"职位招聘跟踪表

招聘各阶段活动（关键点）*	1	2	3	4	5	6	7	8	9	10
发生活动的日期（9.1 表示 9 月 1 日）	9.1	9.2	9.9	9.14	9.20	9.29	10.5	10.6	10.13	11.15
相邻两阶段所花费的时间（天）	—	1	7	5	6	9	6	1	7	33

＊招聘各阶段活动：1. 人力资源部确定实施招聘活动；2. 人力资源部寻找并使用若干招聘渠道；3. 人力资源部收到应聘者的职位申请；4. 人力

资源部对候选者进行初选；5. 人力资源部进行初次的笔试、面试等；6. 人力资源部会同用人部门对候选者做综合面试及其他必需的测试；7. 招聘小组做出招聘决定；8. 人力资源部向候选者发出工作邀请函；9. 应聘者接受/拒绝工作邀请函；10. 新员工开始工作。

上表显示，最大的改进机会在关键点3、6、9、10处。

5. 内、外部客户对招聘及甄选流程的满意度

该系列指标包括：申请者对特定招聘渠道的满意度；申请者申请加入本组织的理由；人力资源管理者在招聘过程中提供的服务的质量；需要新员工的内部客户对招聘活动及新员工的满意度。

案例使用说明

一、教学目的与用途

（1）本案例主要适用于招聘与录用课程，也适用于人力资源管理课程。

（2）本案例旨在使学员通过对连天红公司专业技术人员招聘与甄选过程的学习，理解企业如何基于战略及职位胜任特征的要求，进行有效的招聘与甄选活动。具体来说，学员应通过本案例的学习，学会列举组织能够用以获得求职者的各种不同渠道；分析不同招聘渠道的优缺点，及对招聘渠道进行评价；描述组织能够用来增加空缺职位吸引力的各种政策和做法；理解只有招聘甄选活动与其他人力资源管理活动相互配合、协同时，组织才能实现较好的招聘效果；理解连天红公司专业技术人员职位胜任特征模型的内容以及各特征对应的主要测试，尤其是可能用到的行为性与情境性面试问题；体会基于职位胜任特征进行人员甄选的优势与益处；知晓某种甄选测试是否应被组织选用的依据；掌握评估招募与甄选活动效果与效率的方法。

二、启发思考题

（1）组织进行招聘的目的是什么？求职者做工作选择时会考虑哪些因素？

（2）组织都期望提高招聘活动的效益，那么当一个组织发现一种效度较高的甄选测试时，它是否应立即采用呢？

（3）组织如何在甄选过程中恰当地设计和实施面试，以提高面试的效果与效率？

（4）组织应该怎样做以吸引到高素质的求职者，尽量减少招募过程中可能出现的逆向选择现象？

（5）组织从候选者中确定职位最终胜任者时，运用层次分析法的优势是什么？实施该方法可能有哪些难点？

三、分析思路

教师可以根据自己的教学目标（目的）来灵活使用本案例。这里提出本案例的分析思路，谨供参考。

（1）人力资源招聘实际上在人力资源规划和新员工甄选之间架起了一座桥梁，因此招聘可以被界定为：组织为了发现和吸引潜在的员工而采取的任何做法和活动。招聘活动结束后，组织应能够获取到合格的候选者群体（不仅数量充裕，而且质量高），以便甄选活动的顺利展开。影响求职者工作选择的因素有求职者的个人特征，空缺职位的特征，招聘者的特征与行为，组织的管理政策、文化、声誉、前景等。

（2）当组织考虑是否使用某种测试时，应综合考虑相应测试的效度系数、组织的选拔率和基础率，而不应该孤立地考虑每个指标。

（3）组织应精心地设计和实施面试，尤其是按照职位胜任特征的要求，设计出恰当的行为性及情境性面试问题。

（4）组织可以采用的减少不合格求职者数量的方法有：根据职位胜任特征对求职者进行筛选；为新员工规定试用期，试用期内的工资应低到足以让低素质的求职者不来求职的程度，而试用期后的工资应高到足以吸引高素质求职者来求职的程度；为员工支付计件工资，以吸引高素质的人员。

（5）层次分析法将对结果有影响的各因素系统地联结起来，每个层次的因素对结果的影响都是量化的，操作思路清晰、明确。该方法比一般的定量方法更讲求定性的判断，因此能处理许多传统的量化技术无法解决的实际问题。在实际采用该方法甄选人员时,若胜任特征指标过多、层级过于复杂,可能导致人们在判断两个指标之间的重要性时出现困难,甚至因为一致性检验不能通过而需对指标间的权重进行若干次判断。

四、理论依据及分析

(1)组织进行招聘的目的不是简单地吸引大批求职者。如果招聘活动吸引来大量不合格的求职者,那么组织将不得不在甄选环节付出大量的成本。同时,招聘的目的也不在于对所有合格的求职者进行谨慎的筛选。组织招聘活动的目的在于:确保当出现职位空缺时,组织可以得到大量可供选择的合适的求职者。

根据理性选择理论,求职者做工作选择时会考虑的因素有:组织招聘渠道的选择和使用,招聘者的特征和行为,组织的吸引力(如文化、声誉和前景、地理位置等),工作本身的吸引力(如薪金福利、学习机会、工作内容、工作的环境条件、晋升机会、人际氛围)等。

(2)实际上,组织在考虑是否将某一效度较高的甄选测试纳入招聘过程时,应该不仅考察这种测试的效度(validity),还应同时考虑选拔率(SR,selection ratio)和基础率(BR,base rate)。

选拔率就是用雇用的人员数除以应聘者人数($SR = \frac{雇用人数}{应聘人数}$)。选拔率越低,则甄选测试越有价值。选拔率低意味着雇用人数少或应聘人数多,两种情况都是理想的。雇用人数少表明组织的雇用标准高,这将有助于组织挑选到最优秀的员工。应聘人数多表明组织可以考察大量的工作申请者,在这种情形下,组织识别出优秀员工的机会将高于其只考察了很少的求职者的情形。

基础率是指在某些标准或人力资源结果上非常成功的雇员占

当前总员工的人数比例（BR = $\frac{成功雇员的人数}{员工总人数}$）。高的基础率是理想的，高基础率的获得可能仅仅是因为组织招聘系统的有效，也可能是因为组织其他人力资源管理活动（如薪酬或培训等）的配合。

当组织考虑是否使用某种新的甄选测试时，一个关键的问题是，在招聘系统中使用新测试后，组织是否能提高基础率。在解答这一问题时，管理者需要同时考虑组织目前的基础率、选拔率以及新测试的效度。

Taylor 和 Russell 开发出的数据表有助于回答上述问题。表 5–5 是该表的一部分。

表 5–5 Taylor–Russell 表摘录①

A.	基础率 = 0.20	
	选拔率	
效度系数	0.10	0.70
0.20	31%	23%
0.80	79%	28%
B.	基础率 = 0.80	
	选拔率	
效度系数	0.10	0.70
0.20	89%	83%
0.80	100%	94%

表 5–5 中的百分数表示在不同情形下成功新雇员的百分比。上半部 A 为组织的基础率较低（0.20）时，不同的效度系数与选拔率下，成功新雇员的百分比。下半部 B 表示的则是组织的基础率较高（0.80）时成功新雇员的百分比。

下面设想两种情境：

---

① 本表来自：H. C. Taylor and J. T. Russell, The Relationship of Validity Coefficients to the Practical Effectiveness of Tests in Selection. *Journal of Applied Psychology*, 1939: 565–578.

案例五 连天红（福建）家具有限公司专业技术人员招募与甄选

①假设组织目前用来选拔家具设计师的测验有0.20的效度系数，有咨询机构向组织推荐一种新测试，效度系数达0.80，那么组织应该购买并使用这种新测试吗？

如果组织目前的基础率为0.80，选拔率为0.70，那么从表5-5的B中可以发现，新的测试仅仅使成功新雇员的百分比从83%变为94%。组织目前较高的基础率可能源自某些有效的人力资源管理活动。这样，即使预测指标只有0.20的效度，成功新雇员的百分比也能达到83%这种较高的水平。因此，组织最好不使用新的测试。

如果组织目前的基础率为0.20，选拔率为0.10，那么它就应该考虑使用新的测试，正如表5-5中A显示的，新测试将使成功新雇员的百分比从31%上升至为79%。

②假设组织现有测试的效度系数为0.80，同时假设一项新的大学招聘活动使得应聘者人数急剧增加，选拔率从0.70降低至0.10，那么组织是否应继续实施该大学招聘活动呢？

如果组织目前的基础率为0.20，那么它就应继续实施该活动，因为表5-5的A表明成功新雇员的百分比从28%增加到79%。如果组织目前的基础率是0.80，那么正确的决策很可能是不继续这一大学招聘活动，因为成功新雇员的百分比仅从94%增加到100%，但同时可能产生大量与该招聘活动相关的成本支出。

上述分析表明，当组织考虑是否使用新的测试或招募渠道时，应综合考虑效度系数、选拔率和基础率，而不应该孤立地考虑每个指标。Taylor-Russell表（见附件）为管理者做上述决策提供了一个依据。需要时，管理者可以查阅原始表格，以便恰当地决策。

（3）为提高面试的效用，组织应做到：

①使面试结构化、标准化，并且明确面试的目标。

②按照职位胜任特征的要求，设计合适的行为性问题与情境性问题。在面试提问时，面试官可以遵循如下顺序：首先询问候选者在某个具体情形中是怎样行动的，注意考察相应行为发生的背景、在该情境下需实现的目标、候选者所采取的具体行动以及行为的结果。这种开放式的行为回顾式探察，可以使考官了解候

选者对自己以往职业活动中发生的某些关键事件的详尽描述，以此推测候选者的潜在特质，并对其未来的行为及绩效做出较准确的预期。如果候选者以往未遇到过该具体情形，那么询问候选者在类似情形下是如何做出行为的。如果候选者没有遇到过类似情形，那么询问候选者在该情形下应当如何做出行为（此时行为性问题转化为情境性问题）。

③让受过培训的若干位考官共同参加面试，以尽量避免可能产生的主观偏差。

（4）根据反馈控制原理，适当设计的试用期可以为组织带来合格的求职者群体。也就是说，组织可以把试用期作为打击低素质求职者积极性的一种工具。如果组织准确识别低素质求职者的可能性上升，那么试用期内和试用期结束后的工资差别就可以缩小。此外，支付计件工资的组织更有可能得到高素质的员工，因为素质更高的人倾向于到计件组织中工作。同时，计件工资也可能激励员工付出更多的努力。

（5）用层次分析法虽然能相对简单地将多层次指标定量化，但指标权重确定的主观性较大。因为在运用九级标度法构造判断矩阵时，管理者可能会碰到两指标的重要性程度难以界定的情形，而且当某一层次的指标较多时，人们可能会犯逻辑上的错误，造成判断矩阵的一致性检验无法通过，以至于要进行多次判断。

五、背景信息

（一）连天红公司对专业技术人员实行的高薪策略

2011年连天红薪资上涨为2010年的2倍，特别是对于高端的"红木蓝领"员工（打胚普工、五片锯普工、铣床普工等），工资更是高达300～540元/天。一线普通员工月薪也达9000～16000元，高级熟练技工的月薪30000元不等。

（二）连天红公司专业技术人员试用期及转正后的薪资

以机电一体化、机械设计、模具设计、数控等机械相关专业应届毕业生为例，该公司规定：大中专以上学历者试用期2500元/月；本三以上学历者试用期3000元/月；本二以上学历者试用期3500元/月。转正后按个人能力与业绩，薪资在2800～5000元/月之间。合格设计者年薪6～12万元/年。有五年以上机械设计经验者年薪8～15万元/年。

转正后新员工的岗位安排：根据个人能力、兴趣特长及三个月试用期的综合考核结果，新员工会被安排在合适的岗位上，如设计、技术、生产管理等岗位。

（三）连天红公司独特企业文化一瞥

在当今很多组织强调任职者专业和经验的背景下，连天红公司却让外行人做专业化的工作，如让学机械的人做装修工作，让学服装的人做网站工作。公司团队运作部副总肖某说："只有一线员工、基层管理者做过红木，中层以上员工都是红木家具的外行……因为没有做过，所以更容易冲破条条框框。"

公司标语墙上可以看到严惩关系户的标语"靠关系开后门进来的员工无能，任何场合说出来谁是自己的靠山，开除！"

公司在员工业余时间，除组织各种旅游活动外，还组织各类比赛，丰富员工的业余生活，提高员工的工作热情。在重大节日，公司还组织各种晚会，并通过赠送员工礼物等方式奖励优秀员工。

公司徽标以印章的形式，篆刻上毛主席亲笔书写的"连天红"，标新立异，别具特色。

公司网站设贴吧，里面的所有评论，不管好坏，一概不删。

（四）连天红公司组建面试官团队

面试官团队由人力资源部工作人员、部门经理、高层管理者等组成。面试前依据职位胜任特征要求设计行为性及情境性面试问题，并按结构化面试的要求展开面试，以提高面试的甄选效用。公司在运用层次分析法确定职位的最终人选时，也用团队的方式展开工作，尽可能减少判断的偏差。

六、关键要点

（1）组织应将招募与甄选活动和组织的愿景、战略、其他管理活动及职位胜任特征的要求有机地联系起来。

（2）组织在考虑是否采用某种人员测试方法时，应综合权衡该方法的效度、组织的选拔率和基础率。

（3）通过考核求职者过去的相关行为以预测其未来的业绩要比建立在考核态度、价值观或信条基础上的推断更能产生精确的预测。基于职位胜任特征构建面试问题有助于将组织愿景、战略与特定职位的胜任要求相结合，提高面试的效用。组织在创建某类职位的胜任特征模型时，可参考该类职位的工作说明书及以往年份该类职位任职者绩效考核的资料，找出绩优员工和绩效一般的员工，运用行为事件访谈法对上述员工进行访谈。综合上述活动得出的信息，初步确认出该类职位的胜任特征指标。之后可对该类职位员工进行职位胜任特征问卷调查，对调查结果做统计分析，再结合专家意见，最终确认出某类职位的胜任特征模型。

（4）组织在运用层次分析法确定职位的最终人选时，应请熟悉该职位的专家及资深员工构建指标的判断矩阵。为减少判断的主观性，对专家及资深员工的选择应有数量和资历的要求，确保相关人员能公正、恰当地做判断。

（5）组织应运用合适的方法对招募与甄选活动的效果与效率做评价。

七、建议课堂计划

本案例可以作为专门的案例讨论课来进行。如下是按照时间进度提供的课堂计划建议,谨供参考。

整个案例课的课堂时间控制在 90～100 分钟。

课前计划:提出启发思考题,请学员在课前完成阅读和初步思考。

课中计划:简要的课堂前言,明确主题:5 分钟;

分组讨论:30 分钟,告知发言要求;

小组发言:每组 5～10 分钟,控制在 40 分钟;

引导全班进一步讨论,并进行归纳总结:20～30 分钟。

课后计划:如有必要,请学员采用报告形式给出更加具体的分析与解答,包括具体的职责分工,为后续章节内容做好铺垫。

附录1 三种媒体广告的优缺点及适用情形

附表5-1 三种媒体广告的优缺点及适用情形

媒体类型	优点	缺点	适用情形
网络	不受时空限制； 灵活、快捷、方便； 成本不高； 可以与人力资源管理其他活动形成整体。	没有机会上网查找工作的潜在候选者可能看不到空缺职位的信息。	目标候选者有机会使用电脑及上网； 既适用于急需招聘的职位，也适用于长期招聘的职位。
电视	可以产生较强的视听冲击力，不易被观众忽略； 黄金时段播放时，受众人数多，能够比报纸和杂志更好地让那些不太积极的求职者了解到招募信息； 较少因广告集中而引起招募竞争。	广告时间较短，只能传递简短的、不太复杂的信息； 费用较昂贵，且能覆及非目标群体； 缺乏持久性，需要不断重复地播出才能给人留下印象。	公司需要迅速扩大影响，欲将企业形象的宣传与人员招聘同时进行； 需要招聘大量人员； 用于引起求职者对其他媒体上该公司招聘广告的注意。

续上表

媒体类型	优点	缺点	适用情形
报纸	标题短小精炼，广告容量可灵活选择；发行集中于某一特定区域；分类编排的广告便于积极的求职者查找。	发行对象无特定性，企业不得不为大量非目标群体付费；报纸的纸质和印刷质量可能会限制广告效果的发挥；保留时间短，可能会被潜在的候选者忽略；集中的招聘广告易导致招聘竞争的出现。	当可能的求职者大量集中于某一地区时；适合在短期内需要得到填补的空缺职位；适用于候选者数量较多时；适用于流失率较高的行业或职业。

附录2 层次分析法甄选人员的具体步骤

一、构建判断矩阵

企业假定以上一层次的元素 B_k（k = 1，2，3，4，5）作为准则，它们对下一层次的元素 C_{k1}，C_{k2}，……，C_{kn}（k = 1，2，3，4，5）有支配关系。企业要在满足准则 B_k 的条件下按它们的相对重要性赋予 C_{k1}，C_{k2}，……，C_{kn} 相应的权重。在这一环节企业需要解答的问题是，确定针对准则层的元素 B_k，任意两个元素 C_{ki}，C_{kj} 哪个更重要一些，重要的程度如何，并对元素的重要性赋予数值，形成判断矩阵。判断矩阵通常由熟悉职位的任职者、上下级员工、客户、专家等共同讨论做出。

对于 n 个元素来说，若以 W_{ij} 表示元素 i 和 j 相对于目标的重要权值，则可以构造出各元素间的成对比较矩阵，如下表。

附表5-2 成对比较矩阵的一般形式

B_k	C_{k1}	C_{k2}	……	C_{kn}
C_{k1}	W_{11}	W_{12}	……	W_{1n}
C_{k2}	W_{21}	W_{22}	……	W_{2n}
⋮	⋮	⋮		⋮
C_{kn}	W_{n1}	W_{n2}	……	W_{nn}

上述矩阵中，$W_{ij} > 0$，$W_{ij} = 1/W_{ji}$（i ≠ j），$W_{ii} = 1$。

为使判断定量化，便于运算，采用下表所示的标度。

附表5-3 判断矩阵的标度及含义

W_{ij}的取值	含义
1	元素C_i与元素C_j具有同等的重要性
3	元素C_i比元素C_j稍微重要一些
5	元素C_i比元素C_j明显重要
7	元素C_i比元素C_j强烈重要
9	元素C_i比元素C_j极端重要
2,4,6,8	介于上述相邻两种重要性之间
以上各数的倒数	两种元素的重要性反过来比较

连天红公司结合专业技术人员的实际情况，运用上表的计分原则，得出各层级各指标对应的判断矩阵：

附表5-4 专业技术员工职位胜任特征综合判断矩阵

A	B_1	B_2	B_3	B_4	B_5
B_1	1	1/3	1/2	1/3	1/3
B_2	3	1	1	1/2	1/2
B_3	2	1	1	1/2	1/2
B_4	3	2	2	1	1
B_5	3	2	2	1	1

附表5-5 专业技术员工管理能力判断矩阵

B_1	C_{11}	C_{12}	C_{13}	C_{14}	C_{15}
C_{11}	1	1/4	4	3	5
C_{12}	4	1	5	4	6
C_{13}	1/4	1/5	1	1/3	3
C_{14}	1/3	1/4	3	1	4
C_{15}	1/5	1/6	1/3	1/4	1

附表 5-6　专业技术员工思维能力判断矩阵

B_2	C_{21}	C_{22}	C_{23}
C_{21}	1	1	2
C_{22}	1	1	2
C_{23}	1/2	1/2	1

附表 5-7　专业技术员工专业素质判断矩阵

B_3	C_{31}	C_{32}	C_{33}
C_{31}	1	3	2
C_{32}	1/3	1	1/2
C_{33}	1/2	2	1

附表 5-8　专业技术员工性格特质判断矩阵

B_4	C_{41}	C_{42}	C_{43}	C_{44}	C_{45}
C_{41}	1	4	5	7	2
C_{42}	1/4	1	3	4	1/4
C_{43}	1/5	1/3	1	3	1/4
C_{44}	1/7	1/4	1/3	1	1/6
C_{45}	1/2	4	4	6	1

附表 5-9　专业技术员工人品态度判断矩阵

B_5	C_{51}	C_{52}
C_{51}	1	2
C_{52}	1/2	1

二、计算各准则下因子的相对权重并对判断矩阵做一致性检验

以附表 5-4 专业技术员工职位胜任特征综合判断矩阵为例，首先求出矩阵每列的和数，再将每一列中的每一元素除以该列和

数后，可得归一化矩阵，对归一化矩阵的每一行求算术平均值，即得各因子的相对权重 W = （0.0826，0.1723，0.1557，0.2947，0.2947）。

只有通过一致性检验的矩阵在逻辑上才是合理的。具体检验步骤如下：首先把原判断矩阵中每一列元素乘以相应的权重值，即第一列乘以 0.0826，第二列乘以 0.1723，……第五列乘以 0.2947，再对新的矩阵每一行求和，得到各行和分别为：0.4141，0.8706，0.788，1.4932，1.4932。则

$$\lambda\max = \frac{1}{5}\left(\frac{0.4141}{0.0826} + \frac{0.8706}{0.1723} + \frac{0.788}{0.1557} + \frac{1.4932}{0.2947} + \frac{1.4932}{0.2947}\right) = 5.0521$$

得一致性指标 C.I. $= \frac{5.0521 - 5}{5 - 1} = 0.013$

查下表得平均随机一致性指标 R.I. = 1.12

附表 5–10　平均随机一致性指标 R.I. 取值表

矩阵阶数	1	2	3	4	5
R.I.	0	0	0.58	0.90	1.12

因此，一致性比例 C.R. $= \frac{C.I.}{R.I.} = 0.012 < 0.1$，因此附表 5–4 判断矩阵的一致性可以接受。

则目标—准则层判断矩阵的各因素权重为：

$$W = \begin{pmatrix} 0.0826 \\ 0.1723 \\ 0.1557 \\ 0.2947 \\ 0.2947 \end{pmatrix} \quad (C.R. = 0.012)$$

各准则—因子层判断矩阵的相应因素权重为：

对于管理能力判断矩阵，$W_1 = \begin{pmatrix} 0.2439 \\ 0.4768 \\ 0.0844 \\ 0.1487 \\ 0.0462 \end{pmatrix}$　(C.R. = 0.08)

对于思维能力判断矩阵，$W_2 = \begin{pmatrix} 0.4 \\ 0.4 \\ 0.2 \end{pmatrix}$ （C. R. = 0）

对于专业素质判断矩阵，$W_3 = \begin{pmatrix} 0.539 \\ 0.164 \\ 0.297 \end{pmatrix}$ （C. R. = 0.008）

对于性格特质判断矩阵，$W_4 = \begin{pmatrix} 0.4296 \\ 0.1414 \\ 0.0833 \\ 0.0427 \\ 0.303 \end{pmatrix}$ （C. R. = 0.06）

对于人品态度判断矩阵，$W_5 = \begin{pmatrix} 0.667 \\ 0.333 \end{pmatrix}$ （C. R. = 0）

三、计算评价因子层对目标的组合权向量（见附表 5-11）

附表 5-11　专业技术员工胜任特征各因子组合权向量

B\C	B_1 0.0826	B_2 0.1723	B_3 0.1557	B_4 0.2947	B_5 0.2947	组合权向量	各因子重要性顺序
C_{11}	0.2439					0.0201	(14)
C_{12}	0.4768					0.0394	(10)
C_{13}	0.0844					0.0071	(17)
C_{14}	0.1487					0.0123	(16)
C_{15}	0.0462					0.0038	(18)
C_{21}		0.4				0.0689	(6)
C_{22}		0.4				0.0689	(6)
C_{23}		0.2				0.0345	(11)

续上表

B\C	B_1 0.0826	B_2 0.1723	B_3 0.1557	B_4 0.2947	B_5 0.2947	组合权向量	各因子重要性顺序
C_{31}			0.539			0.0839	(5)
C_{32}			0.164			0.0255	(12)
C_{33}			0.297			0.0462	(8)
C_{41}				0.4296		0.1266	(2)
C_{42}				0.1414		0.0417	(9)
C_{43}				0.0833		0.0245	(13)
C_{44}				0.0427		0.0126	(15)
C_{45}				0.303		0.0893	(4)
C_{51}					0.667	0.1966	(1)
C_{52}					0.333	0.0981	(3)

附表 5-12 Taylor-Russell 表①

基础率 = 0.05

效度系数	选拔率										
	0.05	0.10	0.20	0.30	0.40	0.50	0.60	0.70	0.80	0.90	0.95
0.00	0.05	0.05	0.05	0.05	0.05	0.05	0.05	0.05	0.05	0.05	0.05
0.05	0.06	0.06	0.06	0.06	0.06	0.06	0.05	0.05	0.05	0.05	0.05
0.10	0.07	0.07	0.07	0.06	0.06	0.06	0.06	0.05	0.05	0.05	0.05
0.15	0.09	0.08	0.07	0.07	0.07	0.06	0.06	0.06	0.05	0.05	0.05
0.20	0.11	0.09	0.08	0.08	0.07	0.07	0.06	0.06	0.06	0.05	0.05
0.25	0.12	0.11	0.09	0.08	0.08	0.07	0.07	0.06	0.06	0.05	0.05
0.30	0.14	0.12	0.10	0.09	0.08	0.08	0.07	0.07	0.06	0.05	0.05
0.35	0.17	0.14	0.11	0.10	0.09	0.08	0.07	0.06	0.06	0.05	0.05
0.40	0.19	0.16	0.12	0.10	0.09	0.08	0.07	0.07	0.06	0.05	0.05
0.45	0.22	0.17	0.13	0.11	0.10	0.08	0.08	0.07	0.06	0.06	0.05
0.50	0.24	0.19	0.15	0.12	0.10	0.09	0.08	0.07	0.06	0.06	0.05

① 源自：H. C. Taylor and J. T. Russell. The Relationship of Validity Coefficients to the Practical Effectiveness of Tests in Selection. *Journal of Applied Psychology*, 1939: 565-578.

续上表

效度系数	选拔率									
	0.05	0.10	0.20	0.30	0.40	0.50	0.60	0.70	0.80	0.90	0.95
0.55	0.28	0.22	0.16	0.13	0.11	0.09	0.08	0.07	0.06	0.06	0.05
0.60	0.31	0.24	0.17	0.13	0.11	0.09	0.08	0.07	0.06	0.06	0.05
0.65	0.35	0.26	0.18	0.14	0.11	0.10	0.08	0.07	0.06	0.06	0.05
0.70	0.39	0.29	0.20	0.15	0.12	0.10	0.08	0.07	0.06	0.06	0.05
0.75	0.44	0.32	0.21	0.15	0.12	0.10	0.08	0.07	0.06	0.06	0.05
0.80	0.50	0.35	0.22	0.16	0.12	0.10	0.08	0.07	0.06	0.06	0.05
0.85	0.56	0.39	0.23	0.16	0.12	0.10	0.08	0.07	0.06	0.06	0.05
0.90	0.64	0.43	0.24	0.17	0.13	0.10	0.08	0.07	0.06	0.06	0.05
0.95	0.73	0.47	0.25	0.17	0.13	0.10	0.08	0.07	0.06	0.06	0.05
1.00	1.00	0.50	0.25	0.17	0.13	0.10	0.08	0.07	0.06	0.06	0.05

基础率 = 0.10

效度系数	选拔率									
	0.05	0.10	0.20	0.30	0.40	0.50	0.60	0.70	0.80	0.90	0.95
0.00	0.10	0.10	0.10	0.10	0.10	0.10	0.10	0.10	0.10	0.10	0.10
0.05	0.12	0.12	0.11	0.11	0.11	0.11	0.11	0.10	0.10	0.10	0.10
0.10	0.14	0.13	0.13	0.12	0.12	0.11	0.11	0.11	0.11	0.10	0.10
0.15	0.16	0.15	0.14	0.13	0.13	0.12	0.12	0.11	0.11	0.10	0.10
0.20	0.19	0.17	0.15	0.14	0.14	0.13	0.12	0.12	0.11	0.11	0.10
0.25	0.22	0.19	0.17	0.16	0.14	0.13	0.13	0.12	0.11	0.11	0.10
0.30	0.25	0.22	0.19	0.17	0.15	0.14	0.13	0.12	0.12	0.11	0.10
0.35	0.28	0.24	0.20	0.18	0.16	0.15	0.14	0.13	0.12	0.11	0.10
0.40	0.31	0.27	0.22	0.19	0.17	0.16	0.14	0.13	0.12	0.11	0.10
0.45	0.35	0.29	0.24	0.20	0.18	0.16	0.15	0.13	0.12	0.11	0.10
0.50	0.39	0.32	0.26	0.22	0.19	0.17	0.15	0.13	0.12	0.11	0.11
0.55	0.43	0.36	0.28	0.23	0.20	0.17	0.15	0.14	0.12	0.11	0.11
0.60	0.48	0.39	0.30	0.25	0.21	0.18	0.16	0.14	0.12	0.11	0.11
0.65	0.53	0.43	0.32	0.26	0.22	0.18	0.16	0.14	0.12	0.11	0.11

续上表

效度系数	选拔率									
	0.05	0.10	0.20	0.30	0.40	0.50	0.60	0.70	0.80	0.90	0.95
0.70	0.58	0.47	0.35	0.27	0.22	0.19	0.16	0.14	0.12	0.11	0.11
0.75	0.64	0.51	0.37	0.29	0.23	0.19	0.16	0.14	0.12	0.11	0.11
0.80	0.71	0.56	0.40	0.30	0.24	0.20	0.17	0.14	0.12	0.11	0.11
0.85	0.78	0.62	0.43	0.31	0.25	0.20	0.17	0.14	0.12	0.11	0.11
0.90	0.86	0.69	0.46	0.33	0.25	0.20	0.17	0.14	0.12	0.11	0.11
0.95	0.95	0.78	0.49	0.33	0.25	0.20	0.17	0.14	0.12	0.11	0.11
1.00	1.00	1.00	0.50	0.33	0.25	0.20	0.17	0.14	0.13	0.11	0.11

基础率 = 0.20

效度系数	选拔率									
	0.05	0.10	0.20	0.30	0.40	0.50	0.60	0.70	0.80	0.90	0.95
0.00	0.20	0.20	0.20	0.20	0.20	0.20	0.20	0.20	0.20	0.20	0.20
0.05	0.23	0.23	0.22	0.22	0.21	0.21	0.21	0.21	0.20	0.20	0.20
0.10	0.26	0.25	0.24	0.23	0.23	0.22	0.22	0.21	0.21	0.20	0.20
0.15	0.30	0.28	0.26	0.25	0.24	0.23	0.22	0.21	0.21	0.21	0.20
0.20	0.33	0.31	0.28	0.27	0.26	0.25	0.24	0.23	0.22	0.21	0.21
0.25	0.37	0.34	0.31	0.29	0.27	0.26	0.24	0.23	0.22	0.21	0.21
0.30	0.41	0.37	0.33	0.30	0.28	0.27	0.25	0.24	0.23	0.21	0.21
0.35	0.45	0.41	0.36	0.32	0.30	0.28	0.26	0.24	0.23	0.22	0.21
0.40	0.49	0.44	0.38	0.34	0.31	0.29	0.27	0.25	0.23	0.22	0.21
0.45	0.54	0.48	0.41	0.36	0.33	0.30	0.28	0.26	0.24	0.22	0.21
0.50	0.59	0.52	0.44	0.38	0.35	0.31	0.29	0.26	0.24	0.22	0.21
0.55	0.63	0.56	0.47	0.41	0.36	0.32	0.29	0.27	0.24	0.22	0.21
0.60	0.68	0.60	0.50	0.43	0.38	0.34	0.30	0.27	0.24	0.22	0.21
0.65	0.73	0.64	0.53	0.45	0.39	0.35	0.31	0.27	0.25	0.22	0.21
0.70	0.79	0.69	0.56	0.48	0.41	0.36	0.31	0.28	0.25	0.22	0.21
0.75	0.84	0.74	0.60	0.50	0.43	0.37	0.32	0.28	0.25	0.22	0.21
0.80	0.89	0.79	0.64	0.53	0.45	0.38	0.33	0.28	0.25	0.22	0.21

续上表

效度系数	选拔率										
	0.05	0.10	0.20	0.30	0.40	0.50	0.60	0.70	0.80	0.90	0.95
0.85	0.94	0.85	0.69	0.56	0.47	0.39	0.33	0.28	0.25	0.22	0.21
0.90	0.98	0.91	0.75	0.60	0.48	0.40	0.33	0.29	0.25	0.22	0.21
0.95	1.00	0.97	0.82	0.64	0.50	0.40	0.33	0.29	0.25	0.22	0.21
1.00	1.00	1.00	1.00	0.67	0.50	0.40	0.33	0.29	0.25	0.22	0.21

基础率 = 0.30

效度系数	选拔率										
	0.05	0.10	0.20	0.30	0.40	0.50	0.60	0.70	0.80	0.90	0.95
0.00	0.30	0.30	0.30	0.30	0.30	0.30	0.30	0.30	0.30	0.30	0.30
0.05	0.34	0.33	0.33	0.32	0.32	0.31	0.31	0.31	0.31	0.30	0.30
0.10	0.38	0.36	0.35	0.34	0.33	0.33	0.32	0.32	0.31	0.31	0.30
0.15	0.42	0.40	0.38	0.36	0.35	0.34	0.33	0.33	0.32	0.31	0.31
0.20	0.46	0.43	0.40	0.38	0.37	0.36	0.34	0.33	0.32	0.31	0.31
0.25	0.50	0.47	0.43	0.41	0.39	0.37	0.36	0.34	0.33	0.32	0.31
0.30	0.54	0.50	0.46	0.43	0.40	0.38	0.37	0.35	0.33	0.32	0.31
0.35	0.58	0.54	0.49	0.45	0.42	0.40	0.38	0.36	0.34	0.32	0.31
0.40	0.63	0.58	0.51	0.47	0.44	0.41	0.39	0.37	0.34	0.32	0.31
0.45	0.67	0.61	0.55	0.50	0.46	0.43	0.40	0.37	0.35	0.32	0.31
0.50	0.72	0.65	0.58	0.52	0.48	0.44	0.41	0.38	0.35	0.33	0.31
0.55	0.76	0.69	0.61	0.55	0.50	0.46	0.42	0.39	0.36	0.33	0.31
0.60	0.81	0.74	0.64	0.58	0.52	0.47	0.43	0.40	0.36	0.33	0.31
0.65	0.85	0.78	0.68	0.60	0.54	0.49	0.44	0.40	0.37	0.33	0.32
0.70	0.89	0.82	0.72	0.63	0.57	0.51	0.46	0.41	0.37	0.33	0.32
0.75	0.93	0.86	0.76	0.67	0.59	0.52	0.47	0.42	0.37	0.33	0.32
0.80	0.96	0.90	0.80	0.70	0.62	0.54	0.48	0.42	0.37	0.33	0.32
0.85	0.99	0.94	0.85	0.74	0.65	0.56	0.49	0.43	0.37	0.33	0.32
0.90	1.00	0.98	0.90	0.79	0.68	0.58	0.49	0.43	0.37	0.33	0.32
0.95	1.00	1.00	0.96	0.85	0.72	0.60	0.50	0.43	0.37	0.33	0.32
1.00	1.00	1.00	1.00	0.75	0.60	0.50	0.43	0.38	0.33	0.32	

案例五 连天红（福建）家具有限公司专业技术人员招募与甄选

基础率 = 0.40

效度系数	选拔率										
	0.05	0.10	0.20	0.30	0.40	0.50	0.60	0.70	0.80	0.90	0.95
0.00	0.40	0.40	0.40	0.40	0.40	0.40	0.40	0.40	0.40	0.40	0.40
0.05	0.44	0.43	0.43	0.42	0.42	0.42	0.41	0.41	0.41	0.40	0.40
0.10	0.48	0.47	0.46	0.45	0.44	0.43	0.42	0.42	0.41	0.41	0.40
0.15	0.52	0.50	0.48	0.47	0.46	0.45	0.44	0.43	0.42	0.41	0.41
0.20	0.57	0.54	0.51	0.49	0.48	0.46	0.45	0.44	0.43	0.41	0.41
0.25	0.61	0.58	0.54	0.51	0.49	0.48	0.46	0.45	0.43	0.42	0.41
0.30	0.65	0.61	0.57	0.54	0.51	0.49	0.47	0.46	0.44	0.42	0.41
0.35	0.69	0.65	0.60	0.56	0.53	0.51	0.49	0.47	0.45	0.42	0.41
0.40	0.73	0.69	0.63	0.59	0.56	0.53	0.50	0.48	0.45	0.43	0.41
0.45	0.77	0.72	0.66	0.61	0.58	0.54	0.51	0.49	0.46	0.43	0.42
0.50	0.81	0.76	0.69	0.64	0.60	0.56	0.53	0.49	0.46	0.43	0.42
0.55	0.85	0.79	0.72	0.67	0.62	0.58	0.54	0.50	0.47	0.44	0.42
0.60	0.89	0.83	0.75	0.69	0.64	0.60	0.55	0.51	0.48	0.44	0.42
0.65	0.92	0.87	0.79	0.72	0.67	0.62	0.57	0.52	0.48	0.44	0.42
0.70	0.95	0.90	0.82	0.76	0.69	0.64	0.58	0.53	0.49	0.44	0.42
0.75	0.97	0.93	0.86	0.79	0.72	0.66	0.60	0.54	0.49	0.44	0.42
0.80	0.99	0.96	0.89	0.82	0.75	0.68	0.61	0.55	0.49	0.44	0.42
0.85	1.00	0.98	0.93	0.86	0.79	0.71	0.63	0.56	0.50	0.44	0.42
0.90	1.00	1.00	0.97	0.91	0.82	0.74	0.65	0.57	0.50	0.44	0.42
0.95	1.00	1.00	0.99	0.96	0.87	0.77	0.66	0.57	0.50	0.44	0.42
1.00	1.00	1.00	1.00	1.00	1.00	0.80	0.67	0.57	0.50	0.44	0.42

基础率 = 0.50

效度系数	选拔率									
	0.05	0.10	0.20	0.30	0.40	0.50	0.60	0.70	0.80	0.90	0.95
0.00	0.50	0.50	0.50	0.50	0.50	0.50	0.50	0.50	0.50	0.50
0.05	0.54	0.54	0.53	0.52	0.52	0.52	0.51	0.51	0.51	0.50	0.50
0.10	0.58	0.57	0.56	0.55	0.54	0.53	0.53	0.52	0.51	0.51	0.50

效度系数	选拔率									
	0.05	0.10	0.20	0.30	0.40	0.50	0.60	0.70	0.80	0.90	0.95
0.15	0.63	0.61	0.58	0.57	0.56	0.55	0.54	0.53	0.52	0.51	0.51
0.20	0.67	0.64	0.61	0.59	0.58	0.56	0.55	0.54	0.53	0.52	0.51
0.25	0.70	0.67	0.64	0.62	0.60	0.58	0.56	0.55	0.54	0.52	0.51
0.30	0.74	0.71	0.67	0.64	0.62	0.60	0.58	0.56	0.54	0.52	0.51
0.35	0.78	0.74	0.70	0.66	0.64	0.61	0.59	0.57	0.55	0.53	0.51
0.40	0.82	0.78	0.73	0.69	0.66	0.63	0.61	0.58	0.56	0.53	0.52
0.45	0.85	0.81	0.75	0.71	0.68	0.65	0.62	0.59	0.56	0.53	0.52
0.50	0.88	0.84	0.78	0.74	0.70	0.67	0.63	0.60	0.57	0.54	0.52
0.55	0.91	0.87	0.81	0.76	0.72	0.69	0.65	0.61	0.58	0.54	0.52
0.60	0.94	0.90	0.84	0.79	0.75	0.70	0.66	0.62	0.59	0.54	0.52
0.65	0.96	0.92	0.87	0.82	0.77	0.73	0.68	0.64	0.59	0.55	0.52
0.70	0.98	0.95	0.90	0.85	0.80	0.75	0.70	0.65	0.60	0.55	0.53
0.75	0.99	0.97	0.92	0.87	0.82	0.77	0.72	0.66	0.61	0.55	0.53
0.80	1.00	0.99	0.95	0.90	0.85	0.80	0.73	0.67	0.61	0.55	0.53
0.85	1.00	0.99	0.97	0.94	0.88	0.82	0.76	0.69	0.62	0.55	0.53
0.90	1.00	1.00	0.99	0.97	0.92	0.86	0.78	0.70	0.62	0.56	0.53
0.95	1.00	1.00	1.00	0.99	0.96	0.90	0.81	0.71	0.63	0.56	0.53
1.00	1.00	1.00	1.00	1.00	1.00	1.00	0.83	0.71	0.63	0.56	0.53

基础率 = 0.60

效度系数	选拔率										
	0.05	0.10	0.20	0.30	0.40	0.50	0.60	0.70	0.80	0.90	0.95
0.00	0.60	0.60	0.60	0.60	0.60	0.60	0.60	0.60	0.60	0.60	0.60
0.05	0.64	0.63	0.63	0.62	0.62	0.62	0.61	0.61	0.61	0.60	0.60
0.10	0.68	0.67	0.65	0.64	0.64	0.63	0.63	0.62	0.61	0.61	0.60
0.15	0.71	0.70	0.68	0.67	0.66	0.65	0.64	0.63	0.62	0.61	0.61
0.20	0.75	0.73	0.71	0.69	0.67	0.66	0.65	0.64	0.63	0.62	0.61
0.25	0.78	0.76	0.73	0.71	0.69	0.68	0.66	0.65	0.63	0.62	0.61

效度系数	选拔率										
	0.05	0.10	0.20	0.30	0.40	0.50	0.60	0.70	0.80	0.90	0.95
0.30	0.82	0.79	0.76	0.73	0.71	0.69	0.68	0.66	0.64	0.62	0.61
0.35	0.85	0.82	0.78	0.75	0.73	0.71	0.69	0.67	0.65	0.63	0.62
0.40	0.88	0.85	0.81	0.78	0.75	0.73	0.70	0.68	0.66	0.63	0.62
0.45	0.90	0.87	0.83	0.80	0.77	0.74	0.72	0.69	0.66	0.64	0.62
0.50	0.93	0.90	0.86	0.82	0.79	0.76	0.73	0.70	0.67	0.64	0.62
0.55	0.95	0.92	0.88	0.84	0.81	0.78	0.75	0.71	0.68	0.64	0.62
0.60	0.96	0.94	0.90	0.87	0.83	0.80	0.76	0.73	0.69	0.65	0.63
0.65	0.98	0.96	0.92	0.89	0.85	0.82	0.78	0.74	0.70	0.65	0.63
0.70	0.99	0.97	0.94	0.91	0.87	0.84	0.80	0.75	0.71	0.66	0.63
0.75	0.99	0.99	0.96	0.93	0.90	0.86	0.81	0.77	0.71	0.66	0.63
0.80	1.00	0.99	0.98	0.95	0.92	0.88	0.83	0.78	0.72	0.66	0.63
0.85	1.00	1.00	0.99	0.97	0.95	0.91	0.86	0.80	0.73	0.66	0.63
0.90	1.00	1.00	1.00	0.99	0.97	0.94	0.88	0.82	0.74	0.67	0.63
0.95	1.00	1.00	1.00	1.00	0.99	0.97	0.92	0.84	0.75	0.67	0.63
1.00	1.00	1.00	1.00	1.00	1.00	1.00	0.86	0.75	0.67	0.63	

基础率 = 0.70

效度系数	选拔率										
	0.05	0.10	0.20	0.30	0.40	0.50	0.60	0.70	0.80	0.90	0.95
0.00	0.70	0.70	0.70	0.70	0.70	0.70	0.70	0.70	0.70	0.70	0.70
0.05	0.73	0.73	0.72	0.72	0.72	0.71	0.71	0.71	0.71	0.70	0.70
0.10	0.77	0.76	0.75	0.74	0.73	0.73	0.72	0.72	0.71	0.71	0.70
0.15	0.80	0.79	0.77	0.76	0.75	0.74	0.73	0.73	0.72	0.71	0.71
0.20	0.83	0.81	0.79	0.78	0.77	0.76	0.75	0.74	0.73	0.71	0.71
0.25	0.86	0.84	0.81	0.80	0.78	0.77	0.76	0.75	0.73	0.72	0.71
0.30	0.88	0.86	0.84	0.82	0.80	0.78	0.77	0.75	0.74	0.72	0.71
0.35	0.91	0.89	0.86	0.83	0.82	0.80	0.78	0.76	0.75	0.73	0.71
0.40	0.93	0.91	0.88	0.85	0.83	0.81	0.79	0.77	0.75	0.73	0.72
效度系数	选拔率										
	0.05	0.10	0.20	0.30	0.40	0.50	0.60	0.70	0.80	0.90	0.95
0.45	0.94	0.93	0.90	0.87	0.85	0.83	0.81	0.78	0.76	0.73	0.72
0.50	0.96	0.94	0.91	0.89	0.87	0.84	0.82	0.80	0.77	0.74	0.72
0.55	0.97	0.96	0.93	0.91	0.88	0.86	0.83	0.81	0.78	0.74	0.72
0.60	0.98	0.97	0.95	0.92	0.90	0.87	0.85	0.82	0.79	0.75	0.73
0.65	0.99	0.98	0.96	0.94	0.92	0.89	0.86	0.83	0.80	0.75	0.73
0.70	1.00	0.99	0.97	0.96	0.93	0.91	0.88	0.84	0.80	0.76	0.73
0.75	1.00	1.00	0.98	0.97	0.95	0.92	0.89	0.86	0.81	0.76	0.73
0.80	1.00	1.00	0.99	0.98	0.97	0.94	0.91	0.87	0.82	0.77	0.73
0.85	1.00	1.00	1.00	0.99	0.98	0.96	0.93	0.89	0.84	0.77	0.74
0.90	1.00	1.00	1.00	1.00	0.99	0.98	0.95	0.91	0.85	0.78	0.74
0.95	1.00	1.00	1.00	1.00	1.00	0.99	0.98	0.94	0.86	0.78	0.74
1.00	1.00	1.00	1.00	1.00	1.00	1.00	1.00	1.00	0.88	0.78	0.74

基础率 = 0.80

效度系数	选拔率										
	0.05	0.10	0.20	0.30	0.40	0.50	0.60	0.70	0.80	0.90	0.95
0.00	0.80	0.80	0.80	0.80	0.80	0.80	0.80	0.80	0.80	0.80	0.80
0.05	0.83	0.82	0.82	0.82	0.81	0.81	0.81	0.81	0.81	0.80	0.80
0.10	0.85	0.85	0.84	0.83	0.83	0.82	0.82	0.81	0.81	0.81	0.80
0.15	0.88	0.87	0.86	0.85	0.84	0.83	0.83	0.82	0.82	0.81	0.81
0.20	0.90	0.89	0.87	0.86	0.85	0.84	0.84	0.83	0.82	0.81	0.81
0.25	0.92	0.91	0.89	0.88	0.87	0.86	0.85	0.84	0.83	0.82	0.81
0.30	0.94	0.92	0.90	0.89	0.88	0.87	0.86	0.84	0.83	0.82	0.81
0.35	0.95	0.94	0.92	0.90	0.89	0.89	0.87	0.85	0.84	0.82	0.81
0.40	0.96	0.95	0.93	0.92	0.90	0.89	0.88	0.86	0.85	0.83	0.82
0.45	0.97	0.96	0.95	0.93	0.92	0.90	0.89	0.87	0.85	0.83	0.82
0.50	0.98	0.97	0.96	0.94	0.93	0.91	0.90	0.88	0.86	0.84	0.82
0.55	0.99	0.98	0.97	0.95	0.94	0.92	0.91	0.89	0.87	0.84	0.82

效度系数	选拔率										
	0.05	0.10	0.20	0.30	0.40	0.50	0.60	0.70	0.80	0.90	0.95
0.60	0.99	0.99	0.98	0.96	0.95	0.94	0.92	0.90	0.87	0.84	0.83
0.65	1.00	0.99	0.98	0.97	0.96	0.95	0.93	0.91	0.88	0.85	0.83
0.70	1.00	1.00	0.99	0.98	0.97	0.96	0.94	0.92	0.89	0.85	0.83
0.75	1.00	1.00	1.00	0.99	0.98	0.97	0.95	0.93	0.90	0.86	0.83
0.80	1.00	1.00	1.00	1.00	0.99	0.98	0.96	0.94	0.91	0.87	0.84
0.85	1.00	1.00	1.00	1.00	1.00	0.99	0.98	0.96	0.92	0.87	0.84
0.90	1.00	1.00	1.00	1.00	1.00	1.00	0.99	0.97	0.94	0.88	0.84
0.95	1.00	1.00	1.00	1.00	1.00	1.00	0.99	0.96	0.89	0.84	
1.00	1.00	1.00	1.00	1.00	1.00	1.00	1.00	1.00	0.89	0.84	

基础率 = 0.90

效度系数	选拔率										
	0.05	0.10	0.20	0.30	0.40	0.50	0.60	0.70	0.80	0.90	0.95
0.00	0.90	0.90	0.90	0.90	0.90	0.90	0.90	0.90	0.90	0.90	0.90
0.05	0.92	0.91	0.91	0.91	0.91	0.91	0.91	0.90	0.90	0.90	0.90
0.10	0.93	0.93	0.92	0.92	0.92	0.91	0.91	0.91	0.91	0.90	0.90
0.15	0.95	0.94	0.93	0.93	0.92	0.92	0.92	0.91	0.91	0.91	0.90
0.20	0.96	0.95	0.94	0.94	0.93	0.93	0.92	0.92	0.91	0.91	0.90
0.25	0.97	0.96	0.95	0.95	0.94	0.93	0.93	0.92	0.92	0.91	0.91
0.30	0.98	0.97	0.96	0.95	0.94	0.94	0.94	0.93	0.92	0.91	0.91
0.35	0.98	0.98	0.97	0.96	0.95	0.95	0.94	0.93	0.93	0.92	0.91
0.40	0.99	0.98	0.98	0.97	0.96	0.95	0.95	0.94	0.93	0.92	0.91
0.45	0.99	0.99	0.98	0.98	0.97	0.96	0.95	0.94	0.93	0.92	0.91
0.50	1.00	0.99	0.99	0.98	0.97	0.97	0.96	0.95	0.94	0.92	0.92
0.55	1.00	1.00	0.99	0.99	0.98	0.97	0.97	0.96	0.94	0.93	0.92
0.60	1.00	1.00	0.99	0.99	0.99	0.98	0.97	0.96	0.95	0.93	0.92
0.65	1.00	1.00	1.00	0.99	0.99	0.98	0.98	0.97	0.96	0.94	0.92
0.70	1.00	1.00	1.00	1.00	0.99	0.99	0.98	0.97	0.96	0.94	0.93
效度系数	选拔率										
	0.05	0.10	0.20	0.30	0.40	0.50	0.60	0.70	0.80	0.90	0.95
0.75	1.00	1.00	1.00	1.00	1.00	0.99	0.99	0.98	0.97	0.95	0.93
0.80	1.00	1.00	1.00	1.00	1.00	1.00	0.99	0.99	0.97	0.95	0.93
0.85	1.00	1.00	1.00	1.00	1.00	1.00	1.00	0.99	0.98	0.96	0.94
0.90	1.00	1.00	1.00	1.00	1.00	1.00	1.00	1.00	0.99	0.97	0.94
0.95	1.00	1.00	1.00	1.00	1.00	1.00	1.00	1.00	1.00	0.98	0.94
1.00	1.00	1.00	1.00	1.00	1.00	1.00	1.00	1.00	1.00	1.00	0.95

案例六：卡车4S店的人力资源战略

陈初昇

摘　要：本案例描述了福建胜北汽贸有限公司发展卡车4S店过程中有关人力资源管理的策略及存在的问题。

关键字：胜北汽贸有限公司；卡车4S店；人力资源；管理战略

引言

2010年5月的一天，仙游县木兰溪畔的福建胜北汽贸有限公司办公大楼里，公司总经理陈宗建接到中国一汽解放汽车公司的电话，要求加快建设已批准的4S店。陈总放下电话后，喃喃自语道："是得抓紧时间了。"这一天离接到总公司的书面审批书才两天的时间，中国一汽解放汽车公司的工作效率确实高。

一、公司简介

1980年以前，陈家两兄弟在榜头镇经营修车店，是远近有名的小个体户。凭着多年的经验和对市场的判断，兄弟俩认为改革开放后运输业务将有大发展，便率先置车营运。1980年，福建仙游县胜北汽车运输队成立了，当时仅有1部5吨的货车。由于掌握货源及时，讲究运输质量，加上陈氏兄弟经营灵活，广交客户,广接货源,仅仅三年时间,运输队便发展到13部货车、65吨的运力。1986年,各地汽车运输业务不景气,车价大跌;1988年,运输市场复苏。陈氏兄弟凭着自己货主广、货源足的优势,两次扩张运力,使车辆发展到30部,运力近200吨。为扩大经营规模,形成行业优势,公司决定吸引个体车主,发展挂靠联动经营。此举不仅吸引到附近10多个乡镇的运输户加入,还招徕了来自泉州、石狮、晋江、南安等市的个体运输专业户,仅1995年春运期间就有40多部汽车加入。至此,胜北汽车队共拥有300多部货车、1500多吨运力、15名管理人员、3000多名从业人员,设立了6个科室,采用当时最为先进的三资企业管理办法。运输业务达到高峰时,每天可承载2000多吨的货物量。车队还在重庆设办事处,在江西、山东等地设立委托办事处。

但是好景不长,2003年左右,福建省加大车辆管理整治力度,要求车辆每季度一检查,加上年检,每年检查多达5次。之后,公路上的运输车辆发生了一些变化:挂着"蒙""新""藏""黑"及南方其他几个地方牌照的外省运输车辆突然多起来,尤其以大型货车为多。实际上,这些车的车主多是地地道道的本地人,车也是在本地跑。究其原因,这是因为当地车辆管理部门车检过于频繁,税费太重,进而导致外挂车现象非常严重。有车主算了一笔账,一次车检快的要3天,5次下来要花上半个月时间,车辆少跑半个月,车主损失几千至几万元。据市交警支队人员介绍说,"光仙游县最多时一个月转出100多辆货车"。频繁的车检不仅造成管理难度加大,而且每年仙游县流失的税费就多达千万元,同时也造成当地汽车运输企业经营惨淡,原来仙游县十几家大大小小的车队先后倒闭,只剩下胜北汽车有限公司一家,人称"一枝独秀"。

陈总说胜北汽车有限公司能有今天,在于公司经营理念的转变。十年前,公司就提出了"以人为本、诚信服务"的经营理念,本着"造福一方、实现多赢"的执着信念,不断改革创新。陈总始终认为运输服务业对拉动仙游县域经济发展有着重要的作用。仙游县地处沿海腹地山区地带,工业一直发展不佳,城镇居民多外出务工,从事第三产业。交通运输业是"走别人的路,赚我的钱",不仅能解决就业问题,增加居民收入,还能够减少工业污染。公司从 2004 年开始提供车辆保险、上牌、交运管理、保养和置换等"一条龙"服务模式。零首付、零担心,只要一张身份证,一份介绍人担保书,车主和公司签订合同,约定每个月还款额和还款时间后,就可以马上把货车开回去运营。公司的大量资金是零首付的后盾。公司为车主支付首付款,剩下的款项由公司为其担保贷款。最为特殊的是公司还为车主提供法律援助:当车主在车辆运营过程中遇到法律问题时,只要一个电话告知详情,剩下的事就全部交给公司处理。"曾经有一个车主,新车没跑几天,就出了事故,公司全程帮助他处理完毕,虽然公司损失几万元,但我们坚持这样做。"陈总坦然地说:"公司与律师保持密切联系,他们随时待命,让我们的车主十分放心地跑业务。"该公司成功的经营模式得到中国一汽解放汽车销售公司的认可。

2009 年中国一汽解放汽车销售公司准备全面采用国内外流行的 4S 店经销模式,通过考察,最终从现有经销商中选定 60 家作为首批全国 4S 店重点支持销售网络。胜北汽贸是福建省东南沿海地区唯一被选定的经销商。2010 年 4 月一汽与胜北汽贸签订 4S 店共建协议。按照协议,胜北汽贸在两年内需投资 1000 万元人民币,建成占地 100 亩的集展示、销售、维护保养等综合性服务于一体的解放汽车形象店。2010 年 7 月陈总应邀参加首批 60 名解放卡车 4S 店总经理营销训练营的管理业务培训。这是由中国一汽集团公司营销管理部与解放汽车销售公司共同举办的营销训练营,聘请世界著名的管理咨询公司讲师授课,课程包括 4S 店销售流程、客户管理、人员管理等内容。这次培训使他受到很大启发,对加强今后公司的运营管理很有帮助。

如今的胜北汽贸有限公司经营范围涵盖整车销售、技术服务、配件供应、信息反馈等。所销售的车辆包括解放轻卡、中卡、重卡系列。业务具体涉及汽车及零配件销售与售后、按揭贷款、验车、上牌、年检、保险、过户、法律顾问等一条龙服务,公司业务辐射省内外 30 多个大中城市,与多家著名物流企业长期保持良好的合作关系,年销售卡车数百辆,车辆保有量保持在

1000辆以上，年营业额超过1亿元。公司现有各类管理人员40余人。其组织结构图如图6-1所示。

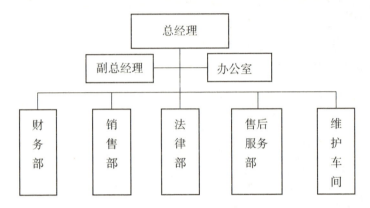

图6-1 福建胜北汽贸有限公司组织结构图

二、行业背景

（一）我国汽车销售4S店情况

4S店，即汽车品牌专卖店，起源于欧洲，在我国发展相对较晚，直到1998年才登陆中国。进入21世纪，4S店成为汽车服务业的主流，在我国大中城市比比皆是。竞争也日趋白热化，同城、同地区、同品牌竞争更是成为普遍现象。短短的十几年，4S店的发展，已由过去的摇钱树时代进入大浪淘沙时期，并有逐步进入微利的成熟趋势。

卡车销售4S店的情况与轿车有所不同。卡车4S店起步晚，可以说是方兴未艾。这几年，几大卡车厂商销售业绩呈稳步上升的发展态势，这令厂家更有信心和资本来兴建4S专营店以深化卡车的营销模式，卡车4S店呈现出雨后春笋般的发展势头。

在成立4S店前，很多经销商只有个铁棚子或者露天经营，采用大卖场、大排档式的销售。特别是20世纪，当时的经销商几乎没有服务意识，普遍认为服务是个麻烦事。那时都是厂家在社会上找修理厂，经销商不提供服务。这样做的结果是车辆出问题后，用户要到几十千米外的修理厂去处理。所以，从这个角度说，4S店确实为用户的维修、保养提供了方便。当然，经销商也可以通过服务来营利。

（二）我国汽车4S店面临的主要问题及发展趋势

4S店之所以造成今天这样的困境，除了国家关税下调、国家宏观调控、市场回归理性发展等大环境的原因外，我国汽车4S营销模式本身的缺陷是主要原因。这主要表现在：过度投资造成的过度竞争；4S经销商与汽车生产厂家地位不对等；4S店初期投资过高；经营成本高等。降低成本、收缩营销网络，这将是我国汽车行业营销模式发展的整体趋势。

1. 4S店所面临的人力资源管理问题

（1）整体缺乏人力资源规划，人才面临青黄不接。

据中国汽车人才招聘网的统计显示，汽车及相关制造产业继续保持在每月发布3000个需求职位这一规模上，并一直呈上升趋势。高级销售、高级维修等人才开始青黄不接，维修配件经理、维修站服务经理等新型人才的需求也急速升温。做得时间长、做得好的销售顾问可以说是屈指可数。在实际的招聘工作中，招聘一个既懂管理，又懂汽车知识，还要懂销售的销售经理是人力资源部很头疼的事情。此外，售后服务人员、配件管理人员、4S店财务管理人员的招聘也有类似情况发生；薪资定为4500元/月，短时间内招聘到一名有丰富经验的钣金工也有困难。由于行业同质化竞争激烈，管理不完善，人力资源培养的成本高，风险也大。培养好后，没有良好的激励机制与人力资源管理制度，很多好的人员又流向别的企业。公司面临人员流失大，现有的人员能力和工作积极性亟待提高的两难境地。业内存在着一个"短平快"现象，即学习培训时间短，在专业技术上表现平平，但就业速度非常快，一旦有过4S店工作经验就很容易上岗。这也暴露出了这个行业太需要真正的专业人才。

（2）人力配置管理混乱，成本预算超支。

近几年，4S店在提升客户满意度方面做了大量的工作，无论是硬件设施设备的更新，还是软件系统的改善，都力求尽善尽美，但是对员工满意度方面的重视程度却远远不够。由于人员的流动性大，交接工作不到位，造成部门一些重要业务信息丧失和业务断层的现象。部门负责人出于轮岗淘汰和储备人才的良性考虑，提高部门用人需求，出现过度的"一岗多人"的现象，造成内部岗位竞争激烈，人员关系紧张，增加了公司的人力预算成本和解聘成本。

（3）人力资源激励不到位，绩效考核不科学。

激励缺乏科学性、系统性，手段单一。业务部门采取了以业绩为导向的薪酬结构，这一机制在初期对企业的迅速发展起到了积极作用。但随着市场竞争的日益加剧，整车销售利润逐步减少，导致销售人员收入不断下降。销售人员为提高薪酬而拼命增加销量，却放弃了提供优质服务。同样的，在售后人员中也存在相似的情况，为追求高奖金提成，不惜牺牲客户利益的现象屡见不鲜。这种采取简单的、较低的基本工资加单车销售提成的激励方法，没有把销售员工个人的成长与企业的发展目标结合起来，导致销售人员产生单纯性卖车行为，很少关注市场动态及市场购买力反馈情况。此外，销售人员的流失非常严重，有的企业开业不到两年，销售人员更换率竟达到80%。

对总经理的激励中，有的采取单纯的基本工资的激励方法，完全不符合对总经理激励的基本要求；有的采取基本工资加年底老板"红包"的激励方法，但考核方法不明确，年底到底发多少钱的"红包"，完全凭借老板的感觉。

总体而言，4S店的员工激励中普遍存在重物质激励，轻精神激励；重短期激励，缺长期激励；重视外激励，轻视内激励的倾向。这些倾向直接影响了人力资源的积极性、主动性，妨碍了个人主观能动性的发挥。

(4) 企业发展没有与人力资源的长期规划紧密结合。

4S店在国内才出现不过10多年时间,国内有关该行业的管理起步较晚,人力资源管理水平相对较低,管理人才相对匮乏。多数经营者没有系统地学习过4S店的经营和管理,而厂家的支持大多是在产品、营销、市场、售后服务等方面,在人力资源管理方面给予的支持十分有限。因此,许多4S店的人力资源管理比其经营发展落后很多,人力资源管理基本处于传统的人事管理阶段,主要是人才招聘、劳动合同等事务性工作。

2. 4S店发展趋势

在将来,汽车销售的竞争将更为激烈。灵活的汽车终端形式,如汽车大展场、快修店等,以及比4S店投资少、见效快的2S、3S店,不断地向高投入、回收期长的4S店模式提出挑战。据报道,欧洲的4S模式已经开始走下坡路。欧盟早已做出决定,彻底打破长期以来汽车市场的行业垄断,改变指定汽车代理商的销售方式,把汽车视为一般消费品,不再允许特许经营,以压缩流通领域的费用。特许专卖逐渐走向末路。这些挑战都要求4S店人力资源战略与长期规划必须及时调整思路,严格按照现代人力资源管理的方法、方式进行变革,及时适应外部环境变化的挑战。

三、陈总其人

陈宗建从小就跟汽车运输业打交道,公司从创立发展至今无不凝聚着他的血汗。他除担任福建省胜北汽贸有限公司总经理一职外,还是仙游县十五届人大代表,被仙游人亲切地称呼为"阿建代表"。在大伙眼里,他是一个开拓创新、善

图6-2 陈宗建总经理

于管理、乐善好施的人。20多年来，他诚信经营、努力打拼，企业发展成为仙游县最具实力、最具信誉、拥有千辆长短途货运汽车的公司。公司每年创税600多万元，解决就业岗位3000多个，公司创办至今已纳税超过1亿元。如何做大做强汽贸产业，是陈宗建一直在思索的问题。2008年，陈宗建提议建立"汽贸行业人大代表联络点"。他精心筹划、建章立制，当好这个新"家"的家长。以此为依托，他定期召集人大代表、大济车队、时代汽贸、东盛汽贸、顺鑫汽贸等企业主，就如何提高行业服务质量、如何做好产业集聚等问题开展讨论；在为同行业服务的同时，还积极开展发展汽贸运输业的专题调研活动，收集汽贸行业人员的建议意见，形成《重视发展交通运输业》《培育汽贸汽配市场》《建设汽贸物流中心》《打造汽贸品牌、创建汽车综合服务型企业》等有关发展汽贸行业的系列建议，起到助力行业发展的作用。饮水不忘挖井人，多年来，他热心公益，造福桑梓。他积极为同行业的发展注入资金，并带领省内外的1000多车户走共同富裕之路；他积极参与社会公益事业，捐赠款项达200万元以上。陈宗建的善举得到社会各界的肯定，被社区居民称为"热心公益事业的好代表、慈善家、企业家"。

近年来，仙游的古典家具产业发展得如火如荼，成为全国最大的木雕生产基地和三大红木古典家具主产地之一。2006年中国工艺美术学会授予仙游县"中国古典工艺家具之都"称号。"仙作"技艺品牌与"苏作""广作""京作"并列全国古典工艺家具四大品牌。陈作为人大代表，多次深入工艺企业视察调研，并在县十五届人大四次会议上，领衔提出《引导古典工艺家具产业健康有序发展的建议》，建议政府建立行业监管机制，把产品质量纳入管理，避免无序竞争，珍惜、呵护来之不易的"仙作"品牌，推动工艺家具产业更加健康、有序地发展。该建议得到有关部门的高度重视，并得到积极落实。2009年受全球金融危机的影响，古典家具产业陷入低谷期，陈总却毅然决定进入该行业，以较低的成本组建仙游县红叶古典家具有限公司，投入资金上亿元。目前该公司经营良好，与汽贸公司相比，收益更高。

四、面临的机遇和问题

(一) 区域优势与经济发展基础

"十二五"期间,仙游交通基础设施计划总投资 135.54 亿元。随着"两铁、四高、两环、两大道"①的建设,到 2015 年仙游县基本形成外联内接、承南启北、贯通东西的便捷交通网络,形成"两纵两横"的高速公路、"三纵三横"的国省道交通格局,确立仙游服务海峡西岸的重要区域性交通枢纽地位。仙游作为福建沿海地带的中心区域,将成为福州、泉州、莆田三市名副其实的后花园,届时至福州行程仅 40 分钟,离厦门也不过 80 分钟行程。全县正在按照大交通、大物流的发展思想,加快发展现代物流业和现代交通运输业。预计到 2015 年,基本形成现代物流产业框架体系,物流产业增加值达到 20 亿元以上。

同时,仙游县拥有地方特色的工艺美术创意产业发展势头强劲,"六编六雕"特色工艺产业遍布各乡镇,基本形成仙游县工艺美术产业大走廊,现有各类工艺美术企业 3000 多家,从业人员 10 万多人,五年年均增长 76.4%,成为当地经济发展的有力支撑。省、市级政府十分看好该产业的发展,计划制定系列的支持政策,力图在五年内把工艺美术产业打造成千亿元产业。

(二) 面临的问题

公司与中国一汽合作的 4S 店建设项目已经启动,一期占地 65 亩已获得政府批准,完成"三通一平",接下来需要大笔的投

---

① "两铁"指福厦铁路和仙龙铁路;"四高"指沈海高速公路、福广高速公路、莆永高速公路、兴尤高速公路;"两环"指仙游环山区公路和城市环路;"两大道"指仙港大道和滨海通道。

入进行厂房、展厅、办公楼、员工宿舍的建设。2011年7月的一天，公司办公室内相关领导决策者都到齐了，大家各自表达对未来卡车销售市场的看法，还就加快建设4S店、投资资金来源、人员配备等重大管理问题进行了热烈的讨论。

陈明副总经理系公司第二大股东，平时只参与公司重大事件的决策，不过问日常经营。

王永清副总经理是公司为了建设4S店不惜重金挖来的人才。他今年36岁，在汽贸行业干了15年，从最基层的销售员、售后服务开始做起，来公司前是另一家汽贸公司负责下属2家4S店的经理，拥有丰富的行业经验。就规模而言，胜北汽贸公司只是该公司的1/8左右。陈总相信有王副总的加盟一定能助力4S店的筹建和经营。

陈副总手里拿着《商用汽车新闻》报说道："目前卡车市场不容乐观，前六个月销售连续下跌，六月份重卡汽车销量比去年同期下跌31.7%，环比下降9.6%，降幅继续扩大。按照我的看法，不如把4S店建成大卖场的形式，虽然在形象上不如4S店威风，但是效益肯定不会输给4S店。"陈副总对4S的高额成本表示担心。当初在申请建店的时候他也表过态，但那时候市场暂好，他没反对。陈副总继续说："1000万只是单纯的建店费用和土地费用，加上厂家还规定4S店每个月起码要有800万元的流动资金，那么建一个4S店总投入要接近2000万元。而目前又面临金融信贷紧张的局面，短期内古典家具分公司正在扩大规模，也急需大量投入。按现有的市场行情，古典家具行业发展一片大好，具有见效快、收益高的优势。"

王副总说："我认为4S店的模式没错。"王副总对4S店的建设信心百倍，去年他曾到欧洲的帕卡汽车公司进行考察。他发现帕卡公司的销量在欧洲持续上升。它的商业模式是向卡车司机提供销售体验。而用户体验，正是帕卡的独特之处。通过融资、租赁及售后服务等，为客户提供更多价值。"帕卡公司在欧洲正是采用4S店的经销模式，为客户提供全方位的服务。"

帕卡汽车总能给用户带来令人惊奇的体验和享受，在全球经济危机、底特律汽车三巨头纷纷崩溃的今天，帕卡却能持续赢利

70 年，甚至在 2008 年该公司也取得了不错的业绩。

王副总进一步补充道："从目前国内的轿车经销商可以看出来，4S 店的竞争优势明显，传统的卖场显然已过时。卡车行业将面临新的洗牌。4S 店是一种全新的经营模式，未来要想在卡车销售市场上占有一席之地，现在就要开始准备了。"

陈副总则说："4S 店能提供的服务我们基本上都具备了。但在形象建设上投入这么多钱就没有必要了。我们不像轿车经销商那样利润高，紧俏产品能够加价 5～8 万元。货车的利润低，没有机会加价。每辆车上的利润不足 1.5 万元，按照目前的销量计算，公司何年才能赢利？"

陈副总补充道："大卖场和 4S 店各有优劣。仙游县属于三线城市，用户的购买力不强，普遍追求实惠。不像大城市，竞争激烈，用户购买力也强，像广州、深圳的主流模式是 4S 店模式，厂家是为了树立品牌而选择 4S 店模式，用户也得为此买单。"

王副总则说："总体经济形势趋好，卡车销量下降是临时的，福建每年 GDP 增长很高，不出几年用户的购买力也比较强。再说目前我省还有宁德、福清两家经销商实力也很强，他们也曾经申请建设解放汽车 4S 店。虽然总公司最终选定我们，一旦我们的进展不符合要求，总公司可能会授权其他经销商 4S 店资格，到时我们将陷入被动。"

陈总心里也在盘算着，4S 店正在建，前期投资 1000 万元，总公司对建设规模和配置设施的要求越来越高。现在建 4S 店的土地、施工费用都在涨，即使在经营得当的情况下，少说得 5 年才能收回成本。投入一个 4S 店就是赌上了。厂家虽然在推广品牌、占领市场时会提供一些补助，但是越来越少。同时，厂家给的补助，经销商只能拿到一半，因为这笔钱属于额外收入，经销商要交 17% 的增值税和 33% 的所得税，算下来厂家补贴的一半要交给税务部门。对未来的卡车市场走向，陈总虽然持乐观态度，但面对现实资金投入问题，他有些为难了。

经过一年的考察，陈总也认识到 4S 店分为 A、B、C 三类。A 类店又称形象店，经营全品系车型，形象好，功能全，最能得到用户的信任，也能让员工有信心和自豪感。B 类店又称功能店，功能齐全，经营全品系车型，形象相对 A 类店来说较差，员工也相对松散。C 类店一般是处在考察期，只能经营某一种品系，这种店也在积极向经营全品系过渡。

陈总向大家说明三类店的差别后，征求两位副总的意见："我们是否能找到一种中间模式，既能实现 4S 店树品牌的效果，硬件水平不差，又能很好地控制成本，当然要求我们有很好的设计和管理水平。"

陈副总说："现在的市场比较适合做 C 类店，就是只摆放一辆展车，有办公室、客户洽谈室等，管理比较规范，投入大概在几十万元，只是在形象上不如 4S 店那样气派。其实这就是一种折中的方法，既要功能完善，又不能贪大求全，否则增加的成本势必转嫁到用户身上，车辆价格肯定提高。"

而王副总说："我认为现在做 A 类店比较合适……"

听到王副总和陈副总两人不同的意见，陈总似乎觉得王副总说得更有道理，于是说："这样吧，选择哪种方案王副总你要在一周内重新做个可行性报告，预算部分一定要具体。今天我们还有一个更重要的议题是人员流失问题。现在各部门都抱怨事情多得做不完，上周还有三个员工提出辞职，找不到人手，这还没批准呢。"

陈总认为采用哪种经营模式可以商量，他更担心 4S 店将来由谁来管理，高标准建设肯定需要高水平的管理。之前公司员工流失率高，技术人员水平不过硬等使得公司受到不少损失，每次都是陈总出面解决。随着规模的扩大，自己恐怕难以亲力亲为。陈总也曾与王副总商谈过该问题，但王副总认为不用担心，只要给高待遇，再加以适当的培训，不愁找不到好员工，再说大不了到时候把他以前手下的兄弟找来一起干。陈总让办公室主任把最近提出辞职的老员工简单地介绍下。

自 2008 年金融危机以来，卡车销售量大幅减少，每月员工流失率在 6% 左右，年度员工流失率在 60% 以上，也就是说一年下来，企业所有的一线员工差不多都换了一遍。一年下来，公司利润出现了负增长，利润大部分被高额的人员流动成本给抵消掉了。而且，陈总发现公司绝大部分都是新人，根本就不清楚哪些

案例六 卡车4S店的人力资源战略

人是可造之才。2010年,公司重新调整了管理方向,给员工调高了工资,并在人才储备和培养上花了很多精力,虽然取得一定成效,但人才依然短缺。近年来,应届毕业生作为职场"新生军",为公司招聘人才提供了丰富的来源。问题是,这些招来的大专学生频繁跳槽,往往待上一年半年就往别的公司跑了。面对厚厚的一叠求职简历,办公室主任喜忧参半。喜的是企业的"魅力不减",对人才吸引力充足;忧的是接连被几个大学生"放鸽子",合同都签了,可是第二天不见人来上班,也不见电话告知请假。经了解,他们不来上班的理由往往让人有点哭笑不得:有的说:"我妈妈说,还是离家近一点好。"也有的说:"我妈妈说,工作太辛苦,工资太低了!"另外还有一个现实的问题是公司的维修车间工作环境确实不佳,难以留住熟练工人。

小李,28岁,大专学历,计算机专业。2005年毕业后就进入该公司做文员。开始什么都不会做,陈总不太满意,工资只给定了1200元。工作后一个多月,老板让她做出纳工作,在老会计的鼓励下她准备考会计证。一年后取得了会计证,陈总给她涨工资到2500元。刚好公司人手紧张,陈总给她又加了一些公司管理方面的工作,工资涨到3500元。后来因财务主管辞职,她又被任命为代主任。公司人员都看好她,觉得财务部主任非她莫属。这时她觉得公司管理跟不上了,或者老板对她要求高了,于是以年龄大、准备生孩子为借口提出辞职,其实是应聘到一个大公司重新做出纳去了。陈总很苦恼,也很伤心:刚培养出来的能独立工作的人就这样跳槽了。

小王是80后毕业生,汽车维修专业,来车间已4年时间了。小王性格外向,与车主交流较好,有些有情绪的车主经小王一解释就好了,反而拜托他关照自己的爱车。陈总看在眼里,喜在心里,对小王照顾有加,认为小王是值得培养的,小王的工资也是车间里最高的。去年小王回湖南老家结婚,老板将自己的宝马车"奉献"出来,让小王开回湖南接新娘,亲戚朋友都觉得十分有面子。陈总正想修改公司的激励制度,由公司支付首付,出部分油钱,让像小王这样的年轻人买得起车。实际上这也是出于方便公司的考虑:每年年初小王回老家过年,由于买不上票回来上班,会耽误公司的业务,以致有些车主开玩笑说:"小王不回来,我不来这里修车了。"但是正当公司在酝酿新的激励制度时,小王却提出辞职,要回湖南老家找份轻松的工作,话里流露出对目前的薪资和工作环境并不满意的情绪。

办公室主任还草拟出一份公司各部门近两个月的招聘需求表。

表6-1 招聘需求表

序号	部门	岗位	数量	需求原因
1	维修车间	初级装配工	3	接替离职员工
2	维修车间	高级电镀工	1	本部的员工多是中级工,技能水平不高
3	办公室	行政助理	4	行政事务繁忙,人手紧张
4	销售部	销售人员	3	接替辞职员工

此外,王副总上个月还特意找陈总说明公司的福利待遇应该提升。他认为公司应该采用他原来公司的那套福利待遇方案才能留得住员工。陈总很清楚地记得"五险一金""每年出省旅游""业务培训费补贴"等项目都是本公司之前所没有的。公司的福利是按当地最低水平为员工缴纳综合社保费,人均100元/每月,加上每年年初、年末两次员工聚餐。而按照王副总的说法,公司还要给员工提供住房公积金等福利。

王副总说:"公司的薪资待遇至少要与周边地区拉平才能留住员工。车间里面那几个小伙子不错,要想办法留住他们。当然提高待遇的同时,我们可以加强考核,我手上有一套4S店考核办法可以参考。"王副总显然是有备而来,他向大家传阅了事先制定的考核方案(见P181附表)。

陈副总说:"本地汽贸行业发展得太快了,工资一涨再涨,小学毕业,培训两个月,干最简单的活,每天至少100元收入,要向他们看齐,那得定多高的工资?"

办公室主任说:"是的,确实不好办,昨天还听几个年轻人在议论不如去工厂里面打工,整天坐办公室,看起来风光,实际工资太低了。况且还没什么前途。"

王副总说:"下一步要为4S店储备员工,让各部门多招聘几个员工,先锻炼锻炼。"

讨论还在进行……

陈总心里不免有些紧张,看来要经营4S店,没那么容易。接下来应该怎么办?

案例使用说明

一、教学目的与用途

（1）本案例主要适用于管理学课程，也适用于人力资源管理课程等。

（2）本案例的教学目的是通过本案例的教学、讨论，使MBA学生全面了解汽贸行业4S模式、在公司转型升级过程中人力资源管理的任务以及战略性人力资源管理的相关内容，最终全面提升MBA学生综合分析能力。

二、启发思考题

（1）你如何看待案例中公司的转型发展问题？
（2）人力资源在转型发展中的地位如何？
（3）你如何看待"因人设岗"与"因岗选人"？
（4）抛开薪资与福利，中小企业靠什么留人？
（5）你认为要适应4S店发展的需要，公司在人力资源管理上应该采取哪种策略？建立哪些制度？

三、分析思路

教师可以根据自己的教学目标（目的）来灵活使用本案例。这里提出本案例的分析思路，谨供参考。

(1) 在全球化的经济形势下，企业之间的竞争实质上是人才的竞争。人才主动性、积极性和创造性的调动和发挥，最终决定着企业的生存和发展。面对现实挑战，4S店在新形势下的人力资源管理战略，将直接决定其在行业"洗牌"后的命运。薪资不如人，福利不如人，靠什么留人呢？有一种观点认为，市场不是没有人才，只是人才紧缺。同为中小企业，为什么有的企业能留住人才，有的企业留不住人才呢？抛开高薪资、高福利，你的企业是否有留人的"杀手锏"？这需要管理者回归企业的本真，透析"人性化"管理，探究企业的留人秘诀。首先，员工不会无缘无故跳槽，从对工作产生不满到产生跳槽念头，有一个过程；而从产生跳槽的念头到提出跳槽，又有一个过程。在这些过程中，企业要善于发现员工的不满并且及时解决问题。不用花钱，也不用提高福利的留人方法，不仅存在而且效果很好——如"赋予员工新使命"，但前提是，你了解你的员工吗？"有上进心的员工都会想换工作"，跳槽是十分正常的。再有上进心的员工，在重复几年做同一项工作并熟练掌握这一工作技巧后，都想换一份更有挑战性的新工作。这时，企业最好能支持优秀员工进行适当的"转型"。当然，这里的转型并不是指企业"潇洒"地让员工走，而是必要时在企业内部进行"轮岗"。

(2) 建立满足公司战略发展的人力资源管理新策略。企业必须从战略高度重视人力资源的管理与开发，彻底从传统人事管理转向现代人力资源管理。应进一步改进内部管理制度，按照总公司的规定，结合本店的实际，把人力资源管理提高到关系企业命运的高度与位置。最关键的是，要成立完全意义上的人力资源管理部门，将其定位于战略发展部门，而不只是后勤服务部门。

①健全人才培养机制。为克服人才短缺的现象，最好的办法就是30%靠外部招聘，70%在企业内部培养。要高度重视关键岗位人员的培养，对销售经理、市场经理、服务经理、配件经理、技术总监等这些关键岗位人员有必要实施以人员测评、资质认证和管理提升为主要内容的人才培养和提升方案，并在企业建立包括管理类、专业技术类双重路径的员工职业生涯发展通道。要实施有针对性的、高效率的培训机制，通过知识、经验、能力

的积累、传播、应用与创新，不断提升员工职业技能与职业素养。以培养能力为前提，建立长期的职业发展双通道规划。如开展劳动竞赛，设置年度先进评优活动，设立月度销售明星、技术明星、服务明星和月度最佳职业经理人等奖项，每月评选出先进个人与部门，在公司大厅设置"光荣榜"，当月上榜表彰。将年度得分排名作为进一步薪资调整、职位晋升的依据。将绩效管理制度与职岗晋级、薪酬晋级等紧密结合，共同构成员工职业发展体系，出台鼓励政策，为员工提升技术等级、提高学历水平创造更多的机会与条件，为企业持续发展提供充足的人才储备。

②运用多重激励机制，并与绩效考核紧密结合。4S店由于员工结构的多样性，单一的激励机制必将无法满足员工的需求与发展。精神激励是十分重要的激励手段，却常常被管理者所忽视。具体来讲，精神激励主要有情感激励、目标激励、荣誉激励、成就激励和高期望激励等形式。管理者需要综合运用多重激励手段，完善4S的绩效激励机制，推动企业阶段性的战略发展。随着企业经营环境的日益严峻，公司对于中高级管理人员、重要岗位、关键岗位人员须制定有个性化的薪酬激励方案，建立以正激励为主，以改进绩效为目的的绩效考核制度。为了调动员工的工作积极性，综合平衡投入与产出，需要对各层各级人员的绩效考核做出细致的改进与完善，比如汽车销售人员的绩效考核指标应涉及销售行为、售后服务质量、客户满意度、客户资源的维系、销售技能的培训等方面。这些指标都应体现在考核体系中，并结合职位等级分类，配合考核周期，体现考核的连续性与激励性。最好是能采用KPI等绩效管理工具建立可靠的绩效考核指标体系，保证绩效管理的精准度。

③搭建员工满意度平台。只有满意的员工才有满意的客户。要创造公平竞争的企业环境和关爱员工的企业氛围，完善带薪休假、住房补贴、车辆补助等福利制度；建立娱乐健身计划，组织员工参加丰富多彩的文体活动；提倡社团活动，如车间娱乐部、摄影俱乐部等，促进员工之间的融洽关系等。提高员工满意度的方法是多样的，其中最重要的是要关注员工的满意度，并采取相应措施。

④加强服务品牌塑造。同质化时代只有构建差异化的品牌才能在竞争中保持不败。厂家的产品是汽车，经销商的产品是服务，服务品牌是经销商独有的优势。服务最能体现经销商的品牌，后续服务做得好的经销商，口碑就好，品牌效应也就显现出来。同时，要加强企业文化建设，提高员工的服务意识，也增强员工的归属感和自豪感。但冰冻三尺非一日之寒，一夜之间树不起一个品牌，服务质量的提高、品牌口碑的形成需要一个渐进的过程。

总之，处于经济全球化浪潮中的中国汽车销售行业，面临 21 世纪激烈的全球竞争和人力资源整合的新挑战，人力资源部门需要从满足企业发展的人力资源管理的职责、作用和技能等方面进行动态的战略思考，对人力资源管理进行全方位的创新，才能让企业创造财富并保持持续竞争优势，才能在日益激烈的竞争中立于不败之地。

四、理论依据及分析

（一）价值链理论

价值链理论是哈佛大学商学院教授迈克尔·波特于 1985 年提出的。波特认为："每一个企业都是在设计、生产、销售、发送和辅助其产品的过程中进行种种活动的集合体。所有这些活动可以用一个价值链来表明。"企业的价值创造是通过一系列活动构成的，这些活动可分为基本活动和辅助活动两类：基本活动包括内部后勤、生产作业、外部后勤、市场、销售和服务等；而辅助活动则包括采购、技术开发、人力资源管理和企业基础设施等。这些互不相同但又相互关联的生产经营活动，构成了一个创造价值的动态过程，即价值链。

价值链在经济活动中是无处不在的，上下游关联的企业与企业之间存在行业价值链，企业内部各业务单元之间也存在着价值链联结。价值链上的每一项价值活动都会对企业最终能够实现多大的价值造成影响。

波特的"价值链"理论揭示,企业与企业的竞争,不只是某个环节的竞争,而是整个价值链的竞争,而整个价值链的综合竞争力决定企业的竞争力。用波特的话来说:"消费者心目中的价值由一连串企业内部物质与技术上的具体活动与利润所构成,当你和其他企业竞争时,其实是内部多项活动在进行竞争,而不是某一项活动的竞争。"

服务价值链从本质而言可以表述为:"企业用以满足顾客价值而进行的一系列与有形产品相关或无关的价值活动。"通俗地讲,汽车后市场服务价值链就是汽车服务商为满足车主在用车过程中的各种需要而开展的一系列业务的集合。

人力资源价值链指的是从良好的人力资源管理实践出发,以促成较高组织绩效为目的的一系列相关产出活动所组成的价值增值过程。价值增值过程体现为"价值创造—价值评价—价值分配"三环节,形成一条封闭、循环上升的人力资源管理链条。它通过不断改善人力资源管理基本职能,推动雇员产出,进而实现组织产出,最终促成组织绩效的提高。价值创造是激励的前提,价值评价是激励的依据,价值分配是激励的手段。合理的价值分配自动产生优胜劣汰效果,会激励企业价值的创造者更好地发挥主动性和创造力,实现新一轮的激励活动的良性循环。通过人力资源价值链的管理,规范价值创造、价值评价和价值分配过程,可以起到有效的管理控制作用。人力资源价值链与激励机制关系如图 6-3 所示。

(二)激励理论

激励理论是关于如何满足人的各种需要、调动人的积极性的原则和方法的概括总结。激励的目的在于激发人的正确行为动机,调动人的积极性和创造性,以充分发挥人的智力效应,使其做出最大成绩。20 世纪二三十年代以来,国外许多管理学家、心理学家和社会学家结合现代管理的实践,提出了许多激励理

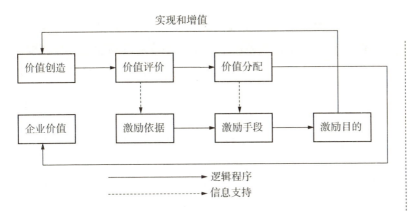

图6-3 人力资源价值链与激励机制关系图

论,包括马斯洛的需求层次理论、赫茨伯格的双因素理论、麦克利兰的成就需要理论等。最具代表性的马斯洛需要层次论就提出人类的需要是有等级层次的,低级的需要得到满足后,才会产生高级的需要。马斯洛的需求按其重要性依次排列为：生理需要、安全需要、归属与爱的需要、尊重需要和自我实现需要。马斯洛还提出当某一级的需要获得满足以后,这种需要便中止了它的激励作用。激励理论中的过程学派认为,通过满足人的需要实现组织的目标有一个过程,即需要通过制订一定的目标影响人们的需要,从而激发人的行动。其中涉及的理论,包括弗洛姆的期望理论、洛克和休斯的目标设置理论、波特和劳勒的综合激励模式、亚当斯的公平理论、斯金纳的强化理论,等等。

激励机制的建立和实施主要内容有：

(1) 实行目标激励,采用目标管理方式。

(2) 多跑道、多层次激励机制的建立和实施。激励手段要灵活多样,要根据不同的工作、不同的人、不同的情况制定出不同的制度。

(3) 考虑员工个体差异,实施差别激励机制。激励的目的是为了提高员工工作的积极性。影响工作积极性的主要因素有：工作性质、领导行为、个人发展、人际关系、报酬福利和工作环境。这些因素对于不同企业所产生的影响也不同。企业要根据不同的类型和特点制定激励制度,而且在实施激励机制时一定要考虑到个体差异。

（4）创建适合企业特点的企业文化。21世纪是一个充满变化的时代，而且变化的幅度不断增大，节奏不断加快。这就要求企业组织必须从僵化的机械模式转变为更具有灵活性和适应性的有机模式；企业之间的竞争已从生产效率的竞争演化为创新率的竞争，本质上是企业文化的竞争。传统的"命令式"的领导方式已无法适应对新型员工的管理。管理在一定程度上就是用一定的文化塑造人，只有当企业文化能够真正融入每个员工个人的价值观时，他们才能把企业的目标当成自己的奋斗目标，因此，用员工认可的文化来管理，可以为企业的长远发展提供动力。

五、建议课堂计划

本案例可以作为专门的案例讨论课来进行。如下是按照时间进度（整个案例课的课堂时间控制在90分钟）提供的课堂计划建议，谨供参考。

（1）课前计划：了解汽贸行业发展趋势及人力资源管理模式，提出启发思考题，请学员课前完成阅读并进行初步思考。

（2）课中计划

①简要的课堂前言，明确主题。主要介绍该公司人力资源管理的发展过程与面临的问题。（5分钟）

②分组讨论：每组5～8名同学，组内讨论适应汽贸行业发展过程中的人力资源管理策略。

③小组发言：每组由一名同学代表发言陈述本组观点。（每组5分钟，控制在30分钟）

④进行归纳总结。（5分钟）

（3）课后计划：如有必要，请学员采用报告形式给出更加具体的解决方案，包括4S店组织结构图和人力资源管理手册。

六、附件：绩效考核方案

考核内容分为三部分，分别是：行为规范，占 20 分；工作质量，占 80 分；关键事件，加减 20 分。各部分考核内容视部门、岗位不同，具体要求也不一样，以下以服务顾问绩效考核为例。

附表 6-1 服务顾问绩效考核表

考核月份		姓名		标准分	部门评分	说明、评价人
考核项目	考核内容					
行为规范 20 分	遵守公司关于工作纪律和安全保密的有关规定，否则每次每项扣 2 分。			4		
	遵守公司关于考勤和培训的有关规定，否则每次每项扣 2 分。			4		
	遵守公司关于工作态度的规定，否则每次每项扣 1 分。			3		
	遵守公司关于着装和仪容的有关规定，否则每次每项扣 1 分。			3		
	遵守公司关于行为举止和基本礼仪的规定，否则每次每项扣 1 分。			3		
	遵守公司关于环保、节约的规定，否则每次每项扣 1 分。			3		
	小计得分			20		
工作质量 80 分	故障诊断准确率或事故定损准确率 95%，低 1%，扣 1 分			10		
	用户合理投诉，因个人原因每投诉 1 项，扣 2 分			10		
	接待按规范操作，单据填写完整、正确、及时，否则每次每项扣 1 分			7		

续上表

考核月份		姓名	标准分	部门评分	说明、评价人
考核项目	考核内容				
工作质量 80分	因失职导致客户流失,每台车扣5分		10		
	个人入场台数完成率,得分等于10×入场台数完成率		10		
	个人服务收入完成率,得分等于10×服务收入完成率		10		
	按照公司及厂家的要求,准确、及时处理相关数据、报表		3		
	对工作充满激情、锲而不舍		2		
	对工作的失误能够勇于承担责任,并改进错误,避免第2次发生		2		
	可以回收的物品及时回收		2		
	个人工作区域和卫生责任区干净、整洁、有序、安全,没有多余的物品		2		
	月度工作计划和总结符合要求		2		
	学习与工作相关的知识和提高自己的技能,并用于工作实际		2		
	上级交办的临时性工作完成的质量、数量		3		
	总经理交办工作完成的质量、数量（总经理评）		5		
	小计得分		80		
关键事件 ±20分	积极参与疑难问题的解决,提出合理化建议,并有效实施,酌情加分				特别业绩、表现
	非本职工作为公司创造效益或节约成本,酌情加分				
	小计得分				
总计得分			评分人		
沟通确认					

案例七：泉州白雪公主丽致婚纱摄影馆的营销困局

苏朝晖　刘晶晶

摘　要：进驻一个发展已经初具规模的行业，那些被冠以"后来者"身份的公司的发展之路总是充满坎坷的。本案例的研究对象是较晚进驻泉州市婚纱摄影行业的"白雪公主丽致婚纱摄影馆"。案例对泉州市的婚纱摄影行业环境和背景进行了概述，回顾了这家小企业的创业历程，着重介绍了它的营销方法和手段，并指出其面临的营销困局。

关键词：婚纱摄影行业；白雪公主摄影馆；营销困局

引言

从1992年引进港台风格影楼开始，到今天我国的婚纱摄影已经成为一个颇具规模的行业。

泉州有着特殊的地理优势——距离大陆婚纱摄影行业的传入地台湾仅一水之隔。在经过近20年的发展之后，婚纱摄影行业在泉州的发展已经较为成熟。米兰春天、金夫人等知名品牌由于进入行业较早，且资金雄厚，故早已在该市名声斐然，它们俨然已经成为行业的领导者。而本文介绍的白雪公主丽致婚纱摄影馆（以下简称"白雪公主馆"）作为该行业中的"后来者"，选择追随行业中的"标杆企业"这一路径，但它的发展历程与现状却并不理想，甚至可以说是令人担忧，难道真是"早起的鸟儿才有食吃"？作为行业中的"后来者"们，即使制订了一系列的营销策略，却依然走不出其发展瓶颈的命运？下面本文就将揭开其"庐山真面目"，看看这一"后来者"究竟如何跌入"营销困局"的深渊。它又能否突破瓶颈，实现长足发展？

一、公司简介

白雪公主丽致婚纱摄影馆是泉州市众多婚纱摄影公司中的一家。泉州与婚纱摄影行业的传入地——台湾仅一水之隔，故这里的婚纱摄影行业的起步要远早于其他内陆城市，该行业在当地的发展已经颇具规模。

白雪公主馆成立于2008年11月，坐落于泉州市声名显赫的南俊巷与东街交叉路口，是一家拥有40多名员工（组织结构图如图7-1所示）和1000平方米面积的影楼。此地段周围有着典型的行业集群现象，如进驻泉州市场较早的米兰春天、韩SIR等婚纱摄影馆就在附近林立而起。

图7-1 白雪公主馆的组织结构图

公司在进入行业之初，也开展了一定的行业调查与分析，参照行业中的"领先者"如"米兰春天""金夫人"等婚纱摄影公司作为"标杆"，制订了一系列的营销方法和措施，并确定了在未来三年时间内要跻身于泉州市婚纱摄影行业前三甲之列的宏伟战略目标。但如今期限将至，而这个以典型的"后来者"身份入驻泉州婚纱摄影行业的白雪公主馆，发展状况却并不如人意。公司所采取的一系列的营销手段及措施似乎非但未能给公司带来进步，反而使公司的发展慢慢进入了"瓶颈"状态，以致如今生存状况令人担忧。

二、营销环境分析

白雪公主馆在进驻泉州市的婚纱摄影行业之前,以承办泉州市高校"管理者挑战"比赛的形式,委托泉州市部分高校对其行业目前所处的营销环境进行了相应的调查和分析。

(一) PEST 环境

政策环境(P):泉州市已经将包括婚纱摄影等在内的婚庆策划类产业列入《泉州市"十一五"服务业发展专项规划》,作为五大类重点鼓励发展的创意产业之一。积极引进国内外特别是台湾地区一流创意设计大师在本市设立创作基地,带动本土创意设计整体水平的提高,打响本土创意设计品牌。并出台一系列有利于产业发展的支持政策。

经济环境(E):泉州经济实现了平稳较快发展,GDP连续十年居全省首位。据福建省统计局信息:从各市GDP总量完成情况看,近几年,泉州市总量继续保持全省首位,占全省经济总量的比重在2010年已达到29.6%。泉州市人均GDP已超过3000美元,人均可支配收入水平和消费水平也得到相应的提高。据泉州市统计局最新消息:上半年城镇居民人均可支配收入为6095元,同比增长11.5%,居全省第二位。但随着2008年经济危机的到来,人们不得不开始"节约",收入首先用来满足生活必需品的支出,"奢侈品"的消费将大幅度降低。按目前中国的婚庆文化,拍结婚照有"必需"的消费属性,也有可有可无的"奢侈"属性,因此婚纱摄影行业虽不会有灭顶之灾,但也将受到一定程度的打击,主要将表现为套系金额的下降与营业收入的降低。

文化环境(S):泉州市总人口约674万,其中婚龄人口约为200万。调查显示,泉州市每年登记结婚的新人约为5000对,婚纱摄影市场存在较大的市场空间。另外，泉州拥有较多的民营企业，他们属于富裕阶层，他们的消费属于冲动型消费，在对人生大事上更是慷慨，结婚、请客讲究排场、攀比心理重。随着经济的发展，泉州人民的受教育程度和文化水平越来越高，消费结构也从以生活必需品为主的消费向更高层次的精神生活消费的方向迈进。

技术环境（T）：随着摄影设备的升级，尤其是高端数码产品的应用，摄影师的技术日益提高。软件的开发应用也使得照片的后期制作技术得到相应的提高。摄影师精心做出来的产品能够更好地契合消费者的需求。

（二）行业发展环境

大致而言，泉州市婚纱摄影行业呈如下发展态势：

（1）泉州的婚纱摄影模式受经济、文化的束缚越来越小，传统的婚礼观念、地域习惯正面临着严峻的挑战。

（2）个性化婚纱摄影、主题式摄影、旅游婚纱摄影将大行其道，棚拍摆拍渐渐失宠或"变异"，传统中式服饰摄影继续走"牛"。

（3）婚纱摄影峰谷时段的反差逐渐缩小，但清明节前后仍为明显的淡季。泉州的摄影工作室，拍摄时间的选择以双休日加吉日、吉数为主，县域级婚日选择以吉日、吉数为主，双休日为辅。

（4）高雅、时尚、浪漫、温馨的婚纱摄影形式越来越受到泉州年轻人的追捧。泉州婚纱摄影、婚礼的"三觉"（视觉、听觉、感觉）效果成为新宠。

（5）泉州的婚纱摄影机构从过去简单性服务向多元化服务大步挺进，有规模、专业化的婚纱摄影服务机构更加被看好；婚礼随拍形式逐渐形成共识和趋势。

案例七 泉州白雪公主丽致婚纱摄影馆的营销困局

(三) 竞争环境

在泉州市场上，从事婚纱摄影的主要有米兰春天、金夫人、亲密爱人、钟爱一生等知名公司。仅在白雪公主馆所在的南俊巷这一条街道上就有好几家同行，各家之间的距离不超过50米，竞争程度日趋白热化。

本文将通过表7-1对白雪公主馆在泉州婚纱摄影行业内面对的主要竞争对手的情况做一个直观的分析。

表7-1 白雪公主馆在泉州市面对的主要竞争对手情况

店名	概述	宗旨	主题	特色产品系列
米兰春天	2000年9月创立，多元化经营的现代化国际标准影楼，全省连锁经营。	秉承一切以客为尊的观念，并为顾客提供超群的品质及精诚负责的后续服务。	高档婚纱照，是多种风格结合体。精心打造泉州最大的实景棚、阳光棚、衣蝶馆和顶级休息空间。	骑士的浪漫、五月咖啡馆、鼓浪屿——怀旧乡道婚纱、2008我的奥运婚纱——逍遥风情婚。
金夫人	成立于1989年，在全国28个省有300家连锁店、控股店、加盟店，是泉州境内首屈一指的大型品牌影楼。外景拍摄基地——桃源山庄。	追求卓越，永远领先。	多样化的经营方式，主打高端品牌。	西比利亚、幸福时光、城市猎人。

续上表

店名	概述	宗旨	主题	特色产品系列
亲密爱人	创办于2003年，一家集婚纱摄影、艺术写真及广告摄影于一体的专业服务机构。	时尚、专业、亲切、诚信。	一流的艺术创作精英团队，热情体贴的全程服务，为顾客打造与众不同的精品婚纱照。	"海景婚纱，山林浪漫"、"动感之旅、享受之旅、浪漫之旅"。

三、白雪公主馆营销管理现状

对整个泉州市的婚纱摄影行业的营销环境的初步认知只是第一步，随后白雪公主馆便着手从市场细分、定位以及市场营销策略等几个方面开展工作，正式进军泉州市的婚纱摄影市场。

（一）市场细分与定位

在市场细分方面，白雪公主馆主要是遵循行业中现有的市场细分原则来制定策略的。在婚纱摄影行业，消费者的年龄和收入一般是影响他们消费决策的主要因素。白雪公主馆，选择了像许多的同行业者一样，根据消费者的年龄和收入来对泉州市现有的婚纱摄影市场进行细分，其具体的细分策略为：

（1）按年龄因素进行细分。白雪公主馆依据人们对照片需求的差异性，对市场进行了年龄细分，它制定了多种产品系列，来满足幼儿阶段、童年阶段、青年阶段、成年阶段、老年阶段等不同年龄段客户的诉求。公司相应推出了少儿阶段的宝宝照系列，童年、青年阶段的写真集系列，成年阶段的婚纱照系列和老年阶段的全家福系列。

(2) 按收入因素进行细分。白雪公主馆按照消费者的收入差别对市场进行了细分，相应制定出高档、中档、低档三个市场，不同市场的消费者有差异化的产品和服务。比如，对于收入较低者，白雪公主馆只是提供室内的空间来取景，所提供的服装在数量上也是有限的，在照片的后期制作上采取的技术也较普通；而对那些收入较高者，白雪公主馆一般采用的是去著名的户外景点拍摄，而且提供各式的数量充足的服装给客户，在照片的后期处理上也是采用业界最先进的技术来保证照片的高质量。

在市场定位方面，白雪公主馆偏重于从赢利角度来确定，公司考虑到目前婚纱摄影行业中高端市场的利润要远丰厚于低端市场，而最终确定将自己定位于中高端市场上，希望可以通过追随行业中"领导者"的步伐从中高端市场这一"红海战场"中分一杯"利润之羹"。为了迎合公司的这种高端定位，白雪公主馆最终也选择了在泉州市较繁华的商业街区南俊巷的黄金地段来开设店面，并斥重金打造了豪华的店面。公司相应地承担了较高的租金费用和装修费用等。

（二）产品策略

白雪公主馆进驻泉州婚纱摄影行业时间不长，其品牌认知度在消费者心中还很低。本着全方位扩大自身知名度的初衷，白雪公主馆制定了走"多元化产品"路线的策略，在产品系列上"全面开花"，希望通过"广撒网"的形式来提升自身在中高端市场上的知名度和影响力。

其产品束包含的范围较为广泛，除了婚纱照系列这一主打产品外，也经营很多其他类型的产品，如根据目前盛行的写真热，它相应推出针对不同消费群体的写真系列：针对青年学生的"毕业纪念册"写真产品系列，针对准妈妈的"孕妇写真"产品系列等。此外，它也经营了一些婚纱摄影附属产品，如自己公司负责设计的相册、相框等。

（三）定价策略

白雪公主馆进驻泉州市的婚纱摄影行业较晚，不可避免地要面对行业中激烈的竞争，在定价上它也遵循了"竞争导向"的策略，即随行就市定价，在婚纱摄影行业这个完全竞争市场上，企业根据市场需求来共同定价。

另一方面，为了实现在短时间内扩大自身品牌知名度的目的，它又对其旗下的部分产品采取了"渗透定价"策略和"折扣定价"策略，具体定价措施为：

（1）渗透定价策略。白雪公主馆为了获得更高的市场份额，对其旗下的部分产品实行低价策略，期望通过消费者对价格的敏感性来达到刺激消费的目的。低价薄利也可使竞争业者们望而却步，减少竞争，获得一定的市场优势。

（2）折扣定价策略。这是销售定价策略中比较常用的一种，白雪公主馆选择在婚纱摄影行业的特定时节（如黄金假期）对部分产品让利销售，来鼓励有需求的顾客们提前消费或激发其消费欲望。

（四）渠道策略

在渠道策略上，白雪公主馆选择了店铺销售这一传统的方式，即通过店铺形式直接提供服务，进行营销。

在店铺销售上，白雪公主馆重在打造店铺环境氛围，希望通过营造出优美的氛围，来提高顾客满意度，最终促使消费。这就要求公司在店铺布局、灯光、色彩、橱窗展示等方面精心打造。白雪公主馆将整个店铺打造成自由式的布局；在店铺照明上，根据满足基本照明需求、突出特殊区间和提高室内美感的不同需求，相应采用了基本照明、特设照明和装饰照明三种照明方式；在色彩上选用了粉红色这一"愿望色"来进行装饰，辅以白色来点缀整体；在橱窗展示处，则通过模拟爱情情景模式来宣传公司。

(五)促销策略

婚纱摄影行业也是比较典型的有着淡旺季分水岭的行业。很多公司在旺季时节都知道采取相应促销措施来宣传自身,但在淡季时节却少有公司重视,白雪公主馆亦如此。

白雪公主馆在行业的旺季时节采取了一定的促销措施来帮助公司实现盈利。对于婚纱摄影行业,路演活动是很好的宣传自身的策略,白雪公主馆在黄金周时节,选择在南俊巷街人流量大的地方举办大型的路演活动,通过情景模拟等形式来吸引人群目光,向人群传达促销信息,最终达到宣传自身的目的。

另外,它也采用了在旺季时节制作精美的附有促销信息的传单,在泉州市比较繁华热闹的街道,如打锡街、涂门街、中山街等街道广泛发放,提高成功销售的几率并提升其知名度。

而对于进入行业较晚的公司来说,扩大知名度往往也是促销活动需要兼顾解决的问题。公司主要采用了人员推广策略和户外、传单广告推广策略来作为其提升公司品牌知名度的手段。

(1)人员推广策略。婚纱摄影行业的产品有着无形性的特点。在广告推广的接触上,一般人员推广可以更好地提高公司的知名度和品牌认知度。白雪公主馆采取了诱导性推销策略,专门培训了态度热忱、善于交际的员工来向消费者展示婚纱摄影带来的美感,向消费者传达公司产品信息。

(2)广告推广策略。白雪公主馆在广告推广上比较单一,仅采取了户外广告和传单广告推广策略。泉州几处主要的街道相互都挨着,这些地区拥有高人流量,且受众群体较为集中的优势。有鉴于此,白雪公主馆购买了街道交叉路口的广告位,张贴了公司相关信息开展户外宣传。

传单广告具有成本低廉、方式灵活、效果明显等诸多优点。因此,公司从创业之初到现在,一直热衷于传单广告宣传。公司设计出具备典型的公司形象特点的传单,并在泉州市的主要街道广而告之。

四、营销困境

在一发展颇为成熟的行业里,"后来者"的发展道路注定是崎岖难行的,但并不注定他们都是以惨淡经营或者"出局"而告终。在各行各业中,那些进驻行业比较晚,但最后却在行业中占据中流砥柱地位的公司也比比皆是。成功的如美国西南航空,虽然进入美国航空业的时间要比美航、达美航空等晚将近42年,但却在美国航空行业发展史中涂下了最绚烂的一笔,并在今天赢得了世人的尊重和推崇。

但面对相似境遇的白雪公主馆的命运显然就没能如此幸运。从创业之初到现在,公司也不断采取一系列营销主张和措施,但遗憾的是,这些举措不仅未能带来公司所期望的成功,反而一步步让自身走进了发展的困局之中。目前,公司的状况令人揪心:知名度有限,根据市场调查,听说过白雪公主馆的人只占受调查人群的16.23%;公司仍旧要面对着日渐激烈的市场竞争,近年来随着泉州经济的快速发展,越来越多的知名婚纱摄影公司看到商机从而入驻泉州,单单是市区就已经有超过20家的婚纱摄影公司。另外,公司管理上也有诸多制度方面的不完善,公司简单粗放式的管理模式,更多的是依赖老板个人的经验和意志在发挥作用,已不能适应现实需要。

除此之外,公司所采取的营销方法和措施也在实践中被证实极大地限制了公司的发展,并导致公司发展逐渐陷入目前的"瓶颈"阶段。

首先,当初公司在细分市场上将重心放在收入和年龄两大细分因素上,结果公司在其他细分市场上无法抽身进入,导致公司目前的市场容量过于薄弱。而在公司专注的细分市场上,由于在财力和资金方面不及竞争对手,公司只能不断地通过降低服务标准、减少赠品等方式来缩减成本。

而在目标市场定位上面,由于公司选择的中高端定位,导致

案例七 泉州白雪公主丽致婚纱摄影馆的营销困局

公司在制订一系列营销策略上显得非常被动。一方面由于公司资金的限制,在一些大型的路演等宣传活动上,无论是规模还是形式等方面,都无法与行业中的"领跑者"们相抗衡,使得公司往往是花钱费力却不见成效。另一方面,为了迎合高端定位,在不到三年的时间内,公司已经多次投入高额的费用,用来维持与其定位相匹配的店铺装修。

除此之外,公司的营销策略也因为甘当行业中优秀公司的"追随者",并无自身特色而在行业内缺乏竞争力,从而导致公司的经营发展步入了困境。

在产品策略中,全面开花的发展策略给消费者带来一种不够专业并且毫无自身特色的认知感受。而这也让越来越重视技术含量的消费者们逐渐对公司的专业性产生了质疑,以至于在客户咨询的过程中,前台销售人员需要花费诸多的精力来打消目标客户的疑虑。

针对公司目前的定价,消费者普遍反映,给出的价格形式不直观,通常会误导他们盲目消费。而更让顾客恼火的是,公司还参照了"行规",对安瓶、假睫毛等收取高价,使他们多花冤枉钱。而部分产品长期的低价路线,使得公司最终无力承担起经营成本的压力。在低价策略推出三个月后,公司便对这部分低价产品进行提价,没想到却遭遇了消费者们强烈的抵触。

在渠道策略上,公司的单一策略显得过于疲软。白雪公主馆将渠道重心放在对店铺的"重金"打造上,投入其他方面的经费便相应减少了。门市部一些很好的活动创意便经常由于经费的缺乏,最终只能搁浅或"从简"。有门市部的同事提议给公司建个网站,但遗憾的是,管理层以缺乏相关技术管理人员和资金不足为由,否决了此提议。而之后,由于公司经营管理的不善,公司的经营现状如履薄冰,管理决策层更无暇将精力放在渠道改进上,只能被动地守着"店铺"。

在淡季,公司为了降低成本,采用了给员工调休放假的方法。这引起了单纯依赖薪资收入维持生计的员工的不满,所以常常在旺季到来之际,公司的门市部总是会出现新面孔的销售人员。为此,公司总是要花费大量的投入来培训新员工。而在旺季的宣传活动,公司也是"旧瓶装新酒",一味模仿同行业者的路演活动,结果是公司举办的路演等促销活动空有热闹,可谓是"出力出钱,反而不讨好"。

真的是"晚起的鸟儿没虫吃"吗?白雪公主馆如今的发展充满了坎坷,基本进入行业发展的"瓶颈"状态。这也让白雪公主馆的管理层焦虑重重,对公司未来的发展充满了担心……

案例使用说明

一、教学目的与用途

（1）本案例可作为营销管理、渠道管理、服务营销和客户关系管理等课程的平台案例使用，教学对象为 MBA 学生、在职进修营销管理人员，以及管理类、营销类学生。

（2）本案例的教学目的在于：了解公司的发展模式、发展中的制约因素、营销重点和主要发展瓶颈，帮助学生更好地学习营销学的基本原理知识，学会分析企业在营销过程中面临的具体问题，运用营销策略来解决企业面临的营销难题，并能够有针对性地提出解决办法。

二、启发思考题

（1）市场营销学中通常讲的 4P 是什么？本案例中涉及的有哪些？

（2）在本案例中，白雪公主馆在营销方法和措施中，使用了哪些销售策略，具体实现方法是什么，而这些策略有哪些优势和劣势？

（3）本案例的公司在发展过程中遭遇了哪些困局？这些困局产生的原因是什么？

（4）本案例中的研究对象与其主要竞争对手相比，有哪些优势和劣势？同行业者的发展模式是否可以为该公司问题的解决提供借鉴？

（5）如果公司决定采取差异性策略，可以从哪些方面着手？

请讨论其具体的实现方法。

（6）本案例中的白雪公主馆在营销管理上面有哪些是需要改进的？应该如何改进？如果你是白雪公主馆的经理，作为泉州市婚纱摄影行业的后进入者，你将采取哪些营销策略来提高白雪公主馆的市场份额？

三、发展建议

为实现白雪公主馆的良性发展，本文抛砖引玉，提出了相应的解决措施以供参考。

在市场细分与定位策略上，除了从年龄和收入角度来细分市场外，还将增添其他因素来进行细分，如消费者价值观念、受教育程度、主题因素和服务范围等，并从中发现那些入驻者很少或基本未涉足的细分市场。虽然婚纱摄影行业高端市场更能带来利益，但毕竟竞争对手过多，如果自身并无典型的优势，可以专攻中端这一市场，一方面规避一部分优势竞争者，另一方面可以降低成本。

在产品策略上，避开"广撒网"的策略，在产品定位上，回避当下同行比较热衷的传统婚纱系列、西方宫廷系列等，而选择走产品的差异化路线，选择日后的消费主力军——"80后"的年轻人作为主要服务对象，走个性化路线，花心思打造个性婚纱产品，大打个性牌来满足他们在生活习惯和生活方式上讲究创新、追求与众不同、追求个性化的需求。

在定价策略上，推出供消费者可以选择的多种定价策略。如推出产品大类定价策略，将婚纱摄影系列细分为低、中、高三个等级，依次将系列产品定价为2009元、5009元和10009元，通过确立质量认知差别来实现价格差别的合理化。数量折扣定价策略，即鼓励顾客拍摄更高套系或购买更多的产品。心理定价策略，根据消费者的心理来定价，如尾数定价，利用消费者对数字认知的特有心理以及国人传统的对吉利数字的偏好，尽量保留零头使消费者产生一种"价廉"的错觉,如在婚纱系列产品采用2988元、4988元之类的定价。声望定价,一般来讲,影楼的婚纱摄影系列产品属于质量不易鉴别的商品,2000元与10000元的婚纱摄影在核心技术上相差很小。消费高价的婚纱摄影套餐是一种财富、身份、地位和品位的象征。采用此种定价策略,一方面可以提高影楼的企业形象、品牌形象,以价格说明其名贵质优;另一方面满足购买者的地位欲望,适应购买者的消费心理。

在渠道策略上,除了进一步营造店铺的美好氛围来提升店铺营销外,在网络时代还应该积极引进网络营销渠道。网上销售具备成本低廉、方便快捷、交互性等优势,正好适合婚纱摄影这一服务行业的发展,可以达到"一箭双雕"的效果。而且网络既可以通过唯美的图片、视频满足消费者视、听的双重享受,从而刺激消费,又可以充分发挥其交互的特性,在发布信息的同时得到顾客的反馈,实现双向沟通。

在促销策略上,除了在旺季积极采取措施来提升销量外,还应该进一步重视淡季的促销活动。近年来市场上流行着这样一句话——"旺季取利,淡季取势",即如果善加利用淡季时节采取相应的营销方法和措施来为公司造势,在旺季往往就会给公司带来不少的业绩收获。所以白雪公主馆可以在淡季大力推出各种广告来提升企业品牌知晓度,淡季开展一些适当的促销活动,也可缓解市场的冷清。

在服务内容上,要勇于质疑和改善行业中目前已有的弊病,积极引入让消费者真正满意的服务内容。如在售后服务上,公司可以建立完善的客户关系管理系统,把所提供的婚纱摄影等一系列服务当作长生命周期的产品,而不是一次性消费品来维护。通过向顾客寄送周年卡片、免费拍周年纪念照片等措施,增加顾客得到的价值,还应注意收集顾客反馈的意见并及时整改,可以采取小礼物、免费拍照等措施鼓励顾客投诉及提出建议。随着近年来银行业务的发展,公司还可以推行银行卡分期付款服务,通过跨越互补性产品来拓展市场边界。银行卡分期付款能够解决消费能力弱或一时周转困难的顾客的资金不足问题,年轻人结婚花费很大,与银行合作提供分期付款能很好地缓解临时资金压力,提升顾客的消费意愿。

在品牌营销上,目前白雪公主馆采用的营销策略过于单一,缺乏力度。针对此种情况,可以扩充多种广告策略。杂志广告是一个刺激消费者的重要渠道,如企业可以制作属于自己的广告杂志,派发给潜在的目标顾客群体。在网络时代,网络广告也是必不可少的,可以在建立网站的基础上,通过在网站主页面上的动态 Flash 画面来吸引浏览者目光,达到推广的目的。根据目前的"团购热",可以顺应时代发展,进驻"58 同城""拉手网"等知名的团购网站,进一步扩展其网站销售渠道。此外,随着近年来公共关系策略在推广中地位的提升,白雪公主馆也可以利用积极的公共关系策略来推广自己。如可以运用事件营销来提升企业高度,积极响应政府提出的"海西旅游年"活动,冠名协助支持泉州分区的"海西旅游年"活动,打出"白雪公主海西免费旅游车"的宣传口号,依托"海西旅游年"活动实现与泉州市政府建立长期联系的目的。

案例八：一家量贩式 KTV 的服务流程

陈　怡

摘　要：本案例从 X 公司 QX 门店的运营现状出发，通过各个工作区域的描述，刻画出量贩式 KTV 企业的服务场景，旨在步步引导学员理解和掌握顾客角度的服务流程图与员工角度的服务流程图、服务蓝图，最后提出改善服务的对策建议。

关键词：量贩式 KTV；服务流程图；服务蓝图

一、神秘顾客的到来

2011 年 2 月的一个周末，为适时了解竞争对手的服务现状和营销策略等情况，X 公司定期派出的由客服、营销、外场等岗位人员组成的小组到达 M 城市，开始他们的消费体验历程。

晚上 11 点，小郭一行人来到位于汽配店的"晶"门店。门面装修梦幻浪漫，卡有大翅膀的紫色蝴蝶 LOGO 随处可见，令人印象深刻。大厅右边墙上的 LED 大屏幕播放着动感十足的音乐视频；左边的整体水墙，摆动着彩色水泡，就像紫色蝴蝶在飞舞。

等候区既对着 LED 可观看视频，也有小型 LED（而不是彩电）显示器，供上网的电脑内置在墙体内，用透光性好的树脂玻璃保护起来，既时尚又安全。一楼通往三楼的走廊设有彩色梦幻水箱，箱体里一颗颗水母一上一下浮游。电梯很新，播放着轻音乐，贴着的海报设计新颖。

到达三楼后，紫色着装的员工让人眼前一亮。整体标识和地标清晰,包厢内摆设正规,细节考虑周到。随手拿起一张贵宾意见卡打开,看到的不是落入俗套的、常见的意见卡,上面的问题显然是经过精心设计的。走廊播放音乐且设有红色沙发供酒醉客人躺卧、吸烟、打电话。总体而言,"晶"门店温馨靓丽,价格合宜。

服务员先是热情地要为小组成员引路,得知他们是来参观的后,便主动上前为大家带路。在问答中,服务员从内心散发出的责任感和对公司、工作的认同感令人感动。后面小郭了解到,"晶"的老总是服务业出身,爱玩,会琢磨这些事。

次日下午3点,仍是周末,小郭一行又来到同城的"康"门店来体验。"康"的场地租用的是商业楼,显得有点局促。一楼设有接待区,歌房在三楼。接待的服务员颇不耐烦。等候区只有一部电脑,设有简单沙发,有小屏幕播放音乐视频。上电梯后才发现只能到达二楼,出了电梯就是超市,需要步行穿过超市才能到三楼。三楼有服务员主动引路。走廊有音乐,房门口标识明显(配有很大的数字亮灯箱)。装修主色调为橙色,比较明亮,有灯光渐变。"康"门店的海报宣传很特别:"K他一个TV!"这里的台阶很老旧,有点油腻的感觉。员工工作间大多敞开着,里面物品清空,地面较脏。看到这样的情形,小郭心里不免一沉,因为"康"门店曾经辉煌过,现在却走下坡路了。

从"康"门店出来已经4点了,小组成员们顺道到位于同一条路上的"唱"门店。和"康"门店冷落的气氛形成鲜明的反差,这里高朋满座。前台告诉他们要到6点才有退房。一楼大厅面积很大,红色的主色调,配上节日布置,很有喜庆气氛。超市门口玻璃橱窗有新年布绒玩偶出售。等候区有2台电脑,LED小屏幕播放着音乐。另有排队叫号机,有多座沙发,旁边有供上网的5台电脑,服务员来回走动提供免费热饮。二楼走廊有电脑系统显示包厢动态,也设有沙发休息区。"唱"门店的厕所也不同凡响:玫瑰红有机玻璃让人眼前一亮,门后贴着卫生登记表(白晚班,20分钟清洗一次)。墙上的宣传小贴士透出公司上下乐观积极的面貌:"对抗不景气,欢畅没压力!专业KTV十年,打造健康、平价、快乐的量贩。"

案例八 一家量贩式KTV的服务流程

行程结束，在回去的路上，小郭和其他成员讨论起昨天晚上去体验自己门店的情形。当时一楼大厅无引导员，三楼包厢号码在区间标识上比较混乱，不利于第一次光临的客人来识别。等候区有5台电脑，供顾客上网。区内约有20个独立沙发和供10多位人坐的长沙发。超市里食品饮料种类丰富，收银员不够认真，员工有围观等候区音乐视频并做评论的。向他们问询时，服务员还朝成员瞄白眼。走廊中有两个服务员在计较抱怨由谁去送。可能天冷，很多员工走路蜷着背、趿着鞋，精神面貌较差。小郭翻看了笔记本，在大包厢里的体验记录如下：

第一，刚进大包厢时向服务员反映空气较差，过半分钟服务员拿着空气清新剂进来喷，且喷得很随意。

第二，在大包厢时反映椅子坏掉，服务员过来换好的，态度一般。

第三，在大包厢时反映牙签不够，送餐员态度挺好，脸上一直有微笑。

第四，大包厢107的显示器中间有破损。

第五，为了体验调换包厢的速度，体验小组提出调换到特大包厢。到了特大包厢后小组成员们反映音响效果不好，有设备员过来调整，态度一般。

整个行程下来，大家嘴上不再多说什么，但心里倍感压力。很显然，对手们在扩大经营场地、提高装潢档次、增加餐饮功能等方面下足了功夫，使出浑身解数要吸引更多顾客光临。商战无情，这些亲眼所见的事实更加印证了公司近期不断召开高层会议所传达的危机意识："公司要发展就必须抓紧机遇改变现状！"公司目前已经吸引到一个有意向的知名风投企业，双方就扩大经营规模达成共识。要扩大规模，就必须在服务流程优化的基础上进行标准化，而服务流程优化是第一步。公司已经充分意识到全面改善门店服务质量的重要性，在年前特地邀请到某高校的三位专业教师对来自全国20多个门店的店长进行培训。小郭心里有了下一步的工作计划："这次的市场体验很丰富，我回去后需要找到一种工具把服务体验的流程画出来，然后对比各家公司的特点，找出我们公司的差距，下功夫改进。"

二、严肃的班前干部小会

3月份Q城市的晚上,QX街繁华的十字路口,一座五层商务楼,大幅的外墙装饰格外醒目,这里就是量贩式KTV X公司总部所在地。

华灯初上,春节刚过的夜晚寒气袭人。经过一个白天的酣睡和一顿饱足的晚餐后,年轻的员工们精神抖擞,他们三三两两地聚集在一楼大厅角落里等候上班前的例会。和一楼轻松的氛围不同,小郭在二楼的209包厢里参加紧张有序的班前干部小会。

先是由五个楼层负责人依次向门店负责人汇报昨晚外场的情况。接着,白班经理汇报:"从白天盘点来看,股骰子严重缺乏,大概在60副左右。"

吧台组长汇报:"你们每个楼层呼取单要及时来拿。另外要注意节能减排,如果发现垃圾桶里超过三粒骰子,罚款30元。"

超市组长汇报:"在维护高端客户上,希望外场与我们配合下,促销好了,及时报给我们。"

黄副领班总结:"第一,白班自作主张68元免包,追究责任;第二,有出现男女员工私自跑进对方宿舍的记小过;第三,五楼楼道昨天检查不干净,有好一点点。"

林副领班总结:"易耗品消耗得比较快,有出现麦克风不上套,撕破了往地上扔,撕破了可以回收的。"

最后,陈领班总结:"通报:本月至4日完成××万,虽然客流量不是我们可以控制的,但现场促销是可以努力的。比如,我视察时遇到客人主动跑出来要果盘,这说明没有促销到位。第二,明天起每个楼层要针对副领班安排的工作做出报告。好,如果大家没有问题,解散。"所有人立刻合上笔记本,动身下楼。整个会议持续25分钟。

大厅随即回响起X公司的主题歌……

三、整装待发的公司例会

正门前,员工们已经穿戴整齐,排列成三行等待检阅。

身为外场组长的小郭跑步出列,和队列对面站着。"立正!向右看齐!"口令既出,大家跺着小步向右靠齐。小郭打开文件夹:"一号!""到!""二号!""到!"……报到声在瑟瑟寒风中此起彼伏。

就在小郭点名之际,黄副领班在队列中来回走动,他的目光停留在员工的头发、五官、衣领、扣子、袖口、双手、鞋子等处,一一检视员工们的仪表仪容。

小郭整队完毕归队,林副领班到队前开始交代今天的工作目标和注意事项。下面有两个员工交头小声议论了下,这一切都看在陈领班眼里,他心里也猜到他们在讲什么。工作这么久了,员工们的一举一动他都非常了解和熟悉。

最后,陈领班也简短地再次强调了下重点。大家立正、拍手,唱起由郭董事长亲自谱词的公司主题歌:"欢迎!欢迎!热烈地欢迎您!……"

四、热火朝天的外场

19:50,负责五楼、六楼两层外场的小郭和他的小团队出现在五楼的走廊上。在门店全体例会结束后,各楼层还需要针对自己的情况做个小整队,外场服务进入倒计时。

年轻的小郭今年才20岁,高中学历,入行1年,X公司是他的第一份工作。小郭对工作很用功,也很拼,别人都要3个月转正,他才18天就转正了,现在是门店的储备干部。

楼层整队结束,员工各自散去筹备,小郭也开始进行开档前的例行检查。推开每个包厢的门，开灯，由下到上、由左到右，走一个巡回，检视空气质量、地面、沙发、吧椅、茶几（特别是六合一）、垃圾筒、门框、门把、透视窗。当他走到茶几面前，蹲下身来，透过包厢内微弱的灯光，仰视了下桌上摆的玻璃茶杯，随即挑出一个放到旁边。原来这个茶杯边缘有个小小的破损，几乎看不出来。他顺手拿起茶杯，特地绕到包厢内的卫生间，开灯、巡视、关灯、关门、关包厢灯、关包厢门，一气呵成，不到1分钟时间。

当小郭走在走廊时，他的目光依次扫过地面、沙发、茶几，然后在一个垃圾桶边上停下来，把上面砂层的一个半截烟头捡了起来。一年365天，每天他都检查了很多遍，这里的每一个角落他都这样地熟悉，只需一眼，他就能看出哪里不对。

"叮咚！""您好！欢迎光临音乐氧吧！"

随着电梯门的打开和清脆的招呼声响起，小郭心里知道：服务开始了！

他热情地迎接客人，先行在客人前面到预定的包厢推开门，等待他们都进入后，开始消费解说。客人们表示没有异议后，他呼叫前台开包计时，随即有礼貌地退出包厢。不到两分钟，包厢里飘出了音乐声。小郭在走廊上等待，约过了五分钟，是该进去点餐服务的时候了，他左手托着带有菜单的托盘进入包厢。问候、递送菜单、介绍推荐、点餐、收费、跑超市结账、找零、送单据和零钱到包厢……当小郭一气呵成做成这些事后，暂时安稳下来的他便归位站在走廊上，继续等待。

——507包厢客人跑出来说杯子破了要扫下，小郭立即呼叫下属处理，并做事后跟踪。

——给510包厢客人配红酒。

——看见老熟客，热情打招呼。

——巡视时发现广告牌没放在正确位置，归正。

——到6楼去把电梯前的迎接人员调整到楼梯前。促销员小敖端着果盘每间去推销。

——观察工作间备料够否。

——到厨房拿小菜去促销。

——满足顾客要冰块的要求。

——确认开间单，之前由于客人到达高峰期没来得及确认，所以补做。

——506包厢服务铃响，小跑过去，提空瓶出来，帮客人买酒。

——小郭根据客人的菜单到超市去替他们买单。

——510包厢服务铃响，过去服务。

——帮促销员抬餐车上6楼。

——主动为客人引路至卫生间。

——巡视卫生间。

——513包厢买单，检查是否破损，通知防止跑单，到吧台装冰块。

——510包厢客人不让巡回，就不巡回。

——看见510包厢有新客人来，就赶紧叫下属添五六个杯子，啤酒杯换成红酒杯。

这期间，小郭一直随时检查地面是否干净，定时去卫生间检查，因为有时客人会吐。20:30～21:00是客人到达的高峰期，任何人手不够的地方，他都得立马顶上。

他密切观察客人的动静，并适时做出反应。比如，东张西望的客人要及时引路，他们不是找出口就是找卫生间。站在走廊通过包厢透视窗往里看，桌面上干净的就做促销，不干净的就巡回清洁。眼睛一直扫描走廊里服务铃的死角，个别包厢的服务铃因为视角问题看不到，而且走廊里播放着音乐，铃声不易被员工听到，这时他要及时提醒员工，如果在位的员工离开，他就要跑过去顶替。

除了这些，他还要密切观察和关注下属的状态：心情如何？累不累？如果哪个包厢被他看到巡回不够干净，他就要吩咐他们再做一次。他们要来回走动，观察包厢动态，有的包厢在过生日，有的在蹦迪，这些都要互相通气，同时也防止个别客人趁着服务员忙不过来时偷偷溜掉而跑单。

23:15～00:00，买单高峰期到来，小郭和员工们又忙活了好一阵子。

此时，腰间的对讲机响了，吧台呼叫五楼外场下去取单。

五、风景独好的吧台

小郭快步走向走廊的另一端，顺着楼梯往下，繁忙的景象和摇滚乐慢慢退出视线和耳际，最后来到三楼右侧的吧台工作间。这里很安静，空气中飘着各种水果的香气。吧员像魔术师一样，挥舞着手里的刀三下五下就变幻出造型各异的水果：有花瓣形的，有孔雀形的……小郭很喜欢来这里转换下身心，卸下压力，吸吸果香，顺便欣赏下吧员的刀功。

他走到POS机旁边，看了下电脑的屏幕。吧台的电脑和各楼层的超市联网，源源不断地把订单输送到这里并打印出来。吧台组长小叶飞眼瞄了一下订单，马上报出订单数量和品种。于是，所有人手里的刀就更快了。

小郭在长长的一连串订单上找到自己所在楼层的单子，在边上打了个勾。然后，他到水吧柜台，在一整排的玻璃瓶中取下酸梅瓶，倒出若干粒在水壶里，加入冰糖和茶包，用开水冲开，盖上。他再回到吧台时，果盘已经好了，是一个四层的，从小到大、层层叠叠，排满了各式新鲜水果，甚是好看。他一手托起果盘，一手提着酸梅茶壶，快步走出吧台，提了口气，三步并作两步，一下子回到五楼的楼层。

就在小郭刚离开吧台，林副领班的脚步就到了，他过来做例行检查。小叶向他反映今天后勤买的西瓜太熟了，切出来后瓜瓤容易碎，轻易就掉下来了。

小郭回到五楼，仍旧归位站立。走廊里正在播放歌曲《常回家看看》，他心里一酸，眼眶一热，赶紧低下头来。是啊，出来一年多了，家里的父母身体是否还好？他们是否还是那样劳苦？自己拼命工作，虽然辛苦但有很多的收获和成长。回想自己这一年的成长，他脑海里浮现出一个长者的面容，朴实的、慈祥的……是X公司的创始人郭董。

六、甘苦奋斗十余载——X 公司简介

新世纪到来时，自助式 KTV 从台湾悄然落户海西。在这之前，酒吧、演艺场所有许多不健康的因素，不适合家人、朋友，尤其是女性参与。2001 年开始，量贩式 KTV 从台湾引入 M 城市，逐渐以它阳光健康的形象赢得市场。

就在十年前，年过五旬的郭董带领公司抓住了这一契机，拍浪成功立足 F 省。作为阿拉伯人的后裔，郭董拥有和先祖一样精明的经商天赋。X 公司学习台湾的行业管理模式，以集团化模式经营休闲娱乐与餐饮产业，以量贩式 KTV 连锁运营为主要业务，涉及 KTV 周边产业，如音响、KTV 产品技术研发等。

艰苦创业起家的郭董提出了"面向大众、拥抱大众"的经营口号，坚持"健康亲情、欢乐共享"的经营理念，并且身体力行。经过第一代创业人的共同努力，X 公司目前在全国各地拥有同品牌的量贩式 KTV 连锁店二十余家，分别位于福建省、广东省、四川省、重庆市等地，遍及华南、华中与西南等地区。

在激烈的市场竞争中，X 公司从差异化入手，重视和各高校联手，成为全国第一家将独立制氧技术引进 KTV 包厢的企业。公司拥有包厢制氧的全国专利，并取得了专利局颁发的专利号，享有专利使用权。X 氧吧 KTV 是在量贩式 KTV 的基础之上催生出的新的业态。KTV 包厢独特的富氧功能，可扩张肺活量，自然增加人体抵抗力，为顾客营造一个绿色、健康、环保的 K 歌与交际场所，既能让顾客得到休闲放松，又增加了健康保健的因素，还有去除异味等功效。开启制氧系统后，烟味等异味可迅速消失，更不会在衣物上残留。制氧系统能达到"三除一杀"（除烟、除尘、除异味，杀菌）的良好效果。

任何行业都有它的生命周期，KTV 在发源地日本已进入衰退期。量贩式 KTV 在大陆经历了 10 年的发展，现已进入日趋激烈的竞争时期。据业内人士估计，量贩式 KTV 单店若不在两年内

实现盈利则血本无归。当前在一个二线城市，大大小小的量贩式KTV经营企业可以多达40家，一线城市的竞争更加激烈。量贩式KTV的未来必朝着提供多元化服务、建立连锁体系、结合科技发展、开辟境外分店的方向发展。

作为行业的挑战者，X公司在未来欲打造全国性的连锁发展集团，并力争成为全国量贩式KTV连锁行业中的领跑者。这就要求它进一步提升品牌含金量和市场占有率，并在服务标准化、业务流程优化等管理问题上下苦功夫。

七、时尚与阳光的代名词——回顾量贩式KTV

"量贩式"一词源于日本，在日语里是超市的意思，也有大量批发、自选、自助的意思。量贩式KTV一般具有规模大、营业时间长、价格灵活多变、消费人群多样化等特征。

量贩式KTV的特点见表8-1。

表8-1 量贩式KTV的特点

对比项目	量贩式KTV	普通KTV
营业时间	基本上24小时营业	一般只有晚上营业，营业时间不超过次日凌晨2点
基本情况	装修舒适，音响效果一流	良莠不齐
计算方式	采用小时和分钟计费	价格与消费时间长短无关
价格方面	包厢按时段计费，不同时段价格差异明显，非节假日和白天的价格非常之优惠	按包厢大小计算，价格一般固定
最低消费	不设最低消费和人头费	设有最低消费和人头费
服务方式	包厢不设专职服务员，采用自助服务	包厢设有专职的服务人员

续上表

对比项目	量贩式 KTV	普通 KTV
酒水供应	附设便利超市，酒水、小点几乎平价供应	不设超市，酒水、小点价格高昂
营业规模	规模化经营，一般拥有几十个甚至上百个大小包厢	包厢数量多少不定
服务对象	涵盖商务消费人群和普通消费者	多为商务消费人群
附加服务	无	不提供免费餐饮等附加服务
其他方面	突出安全、健康和自助式的时尚概念	容易引起暧昧联想

量贩式KTV里面附带超市，出售比市场价稍贵的各种食品，客人不用担心最低消费的陷阱，也不会被昂贵的酒水单吓走。这也是行业的赢利点之一。

八、在梦想中努力奔跑

回想着这一年郭董带领年轻的伙伴们一起奋斗的场景，小郭对公司未来的蓝图充满了憧憬。虽然不是科班出身，但是聪明而有感悟力的他已经明白，作为服务性行业，服务流程优化和标准化管理至关重要。善于观察和思考的小郭已经在这一年中记录下了许多公司的流程片段和管理心得，他需要在近期内快速地把它们整理出来，借助服务管理的相关工具对门店的服务全过程有个总体上的掌握……

案例使用说明

一、教学目的与用途

（1）本案例主要适用于服务管理课程。

（2）本案例的教学目的：

①掌握服务流程图、服务蓝图的概念。

掌握的标志是：学员可以使用这两个工具进行绘图。

②运用这两种工具对 X 公司的服务传递系统进行优化。

预计形成两种结果：一是学员可以提出服务流程的优化结果；二是学员可以根据服务蓝图分别在有形展示、前台员工—后台员工—支持系统之间的衔接等各个关键环节上提出建议和改善措施。

二、启发思考题

（1）根据你去量贩式 KTV 的体验，画出顾客角度的服务流程图。

（2）请协助小郭画出员工角度的服务流程图。

（3）在服务流程图的基础上，进一步画出服务蓝图。

（4）根据服务蓝图，你可以为 X 公司提出哪些改善服务的对策？

三、分析思路

（一）认识案例结构和启发思考题

案例的结构由三个部分组成：

第一部分，问题的产生，交代要画服务流程图和服务蓝图的缘起。（见正文第一和第八部分）

第二部分，提供主干信息，为学员绘制服务流程图和服务蓝图提供必要的、详细的信息。（见正文第二至第五部分）

第三部分，提供辅助信息：必要的公司和行业信息，帮助学员进一步了解相关背景。（见正文第六、第七部分）

掌握员工角度的服务流程图和服务蓝图需要对服务行业有较好的理解基础，学员在直接绘制这两种图时会有难度，因此，启发思考题中第一道题目设置为顾客角度的服务流程图可以较好地做一过渡。因为基本上学员都会有到量贩式KTV唱歌的经历。顾客角度的服务流程图→员工角度的服务流程图→服务蓝图，这是一个由浅入深的掌握过程。

（二）正确绘制图形

1. 绘制顾客角度的服务流程图

掌握和绘制顾客角度的服务流程图，需要三个步骤：

（1）理解服务流程图的定义；

（2）掌握服务流程图中各种符号的含义；

（3）根据自身的消费体验，按照先后顺序依次绘制出服务流程图。由于大多数学员都有量贩式KTV消费的经历，因此顾客角度的服务流程图的理解和绘制并不会太困难。

这一步骤要注意的是，学员需要准确地对流程步骤做出切分。可能出现两种划分不当的情况：①流程步骤划分过于笼统；②流程步骤划分过于琐细。

可以建议他们不断反复修改，直至划分出合理的步骤为止。

<u>参考答案：顾客角度的服务流程图见 P228 附件二。</u>

2. 绘制员工角度的服务流程图

员工角度的服务流程图是在顾客角度的服务流程图上进行补充和完善的，需要对所有的岗位行为有充分的了解，因此掌握和绘制难度大大增加。

掌握和绘制员工角度的服务流程图，需要四个步骤：

（1）需要列出所有员工的岗位，按照其是否直接接触顾客进行归类，区分直接接触顾客的岗位和不直接接触顾客的岗位。

根据公司的组织结构图（见附件一），X 公司在营业期间直接接触顾客的岗位有：保安、副接、主接、外场、超市、柜台（收银）。在营业期间不直接接触顾客的岗位有：吧台、厨房。

（2）对直接接触顾客的岗位，按照其服务顾客的先后顺序进行排序。

在 X 公司，直接接触顾客的岗位按先后顺序排序如下：保安→副接→主接→副接→外场→超市→柜台（收银）→副接→保安。

（3）把不直接接触顾客，但对直接接触顾客的岗位起到支持作用的，按它们之间的流程链接顺序放置好。

比如，外场在点餐后，给吧台下单，吧台制作后呼叫外场取单送往包厢。它们之间的链接顺序是：外场→吧台→外场。

提示：该步骤要求学员反复认真阅读正文中"外场"和"吧台"部分的文字，再进行判断。

（4）对每一个岗位，按照其服务的先后流程进行划分。

该步骤要注意的有两点：①需要分辨流程中出现的决策点；②每一个岗位与流程的前、后岗位衔接是一个闭合系统，有流入箭头，也有流出箭头。

<u>参考答案：员工角度的服务流程图见 P229 附件三。</u>

3. 绘制服务蓝图

当学员可以掌握和绘制员工角度的服务流程图后，就为绘制服务蓝图打下基础了。服务蓝图好比是服务型企业的所有流程在 X 光透视下的骨骼图。

提示：学员必须对正文中的各个部分（"神秘顾客""班前干部小会""公司例会""外场""吧台"）反复阅读，整理出脉络。

服务蓝图的绘制技巧在于掌握两个维度的关系：横向关系（顾客行为）、纵向关系（各类行为的纵向对接）。具体而言，掌握和绘制服务蓝图包括以下五个步骤。

（1）识别顾客对服务的经历——横向关系。

顾客角度的服务流程图已经为该步骤奠定了基础，可以进一步细化。

（2）描绘员工前台与后台服务的行为。

员工角度的服务流程图也已经为该步骤奠定了基础。然而，这是服务蓝图中最难的一步，成败的关键在于能否辨别出员工的前台和后台行为。

首先画上互动线和可视线，然后从顾客和服务人员的观点出发绘制过程、辨别出前台服务和后台服务。对于现有服务的描绘，可以向一线服务人员询问其行为，以及哪些行为顾客可以看到，哪些行为在幕后发生。

注意：在进行技术传递服务或要结合技术与人力进行传递时，技术界面所需要的行动要绘制在可视线的上方。若服务过程没有员工参与，则该部分要标注"前台技术活动"；若同时需要人员与技术的交互活动，这些活动之间要用水平线将"前台员工接待活动"和"前台技术活动"分开。

（3）描绘支持行为。

案例中的各职能部门的内部支持行为有：采购、客户服务、视听技术支持、会员信息管理系统、电子订单系统、计算机收银系统、无线呼叫系统。

（4）把顾客行为、服务人员行为与支持行为对接——纵向关系。

①把顾客行为与服务人员的前台行为进行纵向对接。

②把员工的前台行为和后台行为进行对接。

③把员工的后台行为和（服务系统的）支持行为进行对接。绘制过程中，可以画出内部互动线。

至此，可以识别出服务人员的全部行为与内部支持职能部门的联系了。在这一过程中，内部支持行为对顾客的直接或间接影响方才显现出来。从内部服务过程与顾客关联的角度出发，它会呈现出更大的重要性。

（5）在每个顾客行为步骤加上有形展示。

最后在蓝图上添加有形展示，说明顾客看到的东西以及顾客经历中每个步骤所得到的有形物质。包括服务过程的照片、幻灯片或录像在内的形象蓝图在该阶段也非常有用，它能够帮助分析有形物质的影响及其整体战略与服务定位的一致性。

提示：本部分重点阅读案例正文中的"神秘顾客"。

<u>参考答案：服务蓝图见 P231 附件四。</u>

（三）图形工具的分析

一切管理工具都是为了提升管理水平而存在的。服务流程图和服务蓝图的成功绘制是为了达成下一步：帮助管理者优化服务流程和改善服务质量。

服务流程图是从顾客角度对服务系统的描述。教师应鼓励学员对已绘制的 X 公司服务流程图提出各种优化流程的想法，比如合并两个服务步骤为一个步骤，改并行流程为串行流程等。

服务蓝图是从企业角度对服务系统的描述。服务流程图实际上是服务蓝图在横向维度上的细化。也就是说，如果把服务蓝图在横向维度上抽出来就是服务流程图。因此，教师应对这两种工具之间的联系有清晰的把握，重点把服务蓝图讲解清楚。

服务蓝图的重点在于对业务过程和关键点进行分析。

1. 业务过程分析

业务过程的分析是指根据不同目的，采用不同阅读方法，对

消费行为、员工角色、不同要素组合以及服务再设计的分析。进行业务过程分析是为了满足以下目的:

(1) 了解顾客对服务过程的观点。

从左向右阅读服务蓝图,以跟踪顾客行为部分的事件。

关注的问题:

服务怎样产生?从何时何地开始产生?公司网站和预约电话算吗?

顾客有哪些选择?菜品的丰富性?更新性?

顾客参与服务的程度如何?有哪些服务可以让顾客DIY的?

从顾客角度看,服务的有形展示有哪些?门面和员工的精神面貌对顾客意味着什么?等候区的设计是否应该被重视?

以上问题的思考可以帮助我们从顾客角度描绘服务过程。

描绘顾客在购物、消费和评价服务中执行或经历的选择和行为,这样可以避免把注意力集中在对顾客没有影响的过程和步骤上。该步骤的关键在于:对"顾客是谁"(有时不是一个小任务)达成共识,并为确定顾客如何感受服务过程进行细致研究。

提醒:有时,从顾客角度看到的服务起始点并不容易被意识到。如顾客认为服务的起点是给门店接待打电话预约,但是外场却基本不把预约当成服务的一个步骤。同样,顾客把开车去门店、停车、寻找入口也视为服务经历。在为现有服务开发蓝图时,在这一步骤可以从顾客的视角把服务录制或拍摄下来,这会大有益处。通常情况往往是,经理和不在一线工作的人并不确切了解顾客在经历什么,以及顾客看到的是什么。

(2) 了解服务员工的角色。

水平阅读服务蓝图,集中在可视线上下的行为。

关注的问题:

与顾客直接打交道的岗位中,哪个频率最高?何时进行?

从顾客入门到离开,一共经过几个服务员的手?交接是否顺畅?问题经常出在哪个环节?

服务整体过程是否合理、有效?

(3) 了解服务过程不同要素的组合或员工的位置。

关注的问题:

什么任务、哪些员工在服务中起关键作用？是主接，还是外场？支持互动服务过程的幕后工作包括哪些？相关的支持行为是哪些？从一位员工到另一位员工的服务过程是通过什么系统支持发生的？是否存在障碍？

（4）服务进行再设计。

全面阅读服务蓝图，了解过程的复杂性及如何进行改变，从顾客角度观察什么变化会影响员工和其他内部过程。此外，还应分析有形展示是否与服务目标一致，发现并解决服务过程中的失误点和瓶颈点。

2. 关键点分析

关键点是指对服务过程具有重要影响的环节，具体分为四种：决策点、失败点、顾客等待点和体验点。

关键点的具体标注见附件四。

本案例中的决策点有：D1 判断顾客是否预约

本案例中的失败点有：F1 接受预约、解答

本案例中的顾客等待点有：W1 排号、W2 点餐

本案例中的体验点有：E1（预约）接电话、E2 推介（菜单）、E3 服务铃服务。

可以对以上四种关键点进一步分析，提出改善对策。

学员会在业务过程和关键点分析上，提出各种改善服务质量的建议。比如，建议 X 公司对信息系统进行全面升级，外场可以共享吧台的数据，看到制作果盘需要等候的时间并告知顾客，减少顾客在不确定等候中的心理焦虑。建议 X 公司改善网站页面，增加互动功能；培训客服人员对会员资料进行分析，预测顾客到达高峰时间，做好包厢安排。

（四）相关知识点的延展讨论

如果课堂讨论足够深入，服务蓝图还可以联系到两个知识点：服务接触中的三元组合、服务质量的五个维度。

服务蓝图中的三大主体为：顾客、员工（前台和后台）、支

持系统。如果把后台员工和支持系统进行合并,那么服务蓝图中的新三大主体为:顾客,前台员工、后台员工和支持系统。这三大主体可以分别对应服务接触中的三元组合:顾客、与顾客接触的一线员工、服务企业。

顾客评价企业服务质量的五个维度是:可靠性、响应性、安全性、移情性、有形性。如何从服务蓝图的角度去提升服务质量呢?对照这五个维度和服务蓝图,学员会发现可以这样实现:顾客对有形性的评价主要靠蓝图中的有形展示去实现;顾客对响应性的评价主要靠蓝图中的前台接待员工的行为去实现;顾客对移情性的评价主要靠蓝图中的前台接待员工行为、顾客等待点、体验点三者去实现;顾客对可靠性和安全性的评价主要靠前台接待员工行为、后台接待员工行为和支持行为一起去实现,具体体现在蓝图中的决策点、失败点。

还可以引导学员根据五个维度设计调查问卷,即运用SE-RVQUAL法在顾客中展开对 X 公司的服务质量评价的调查。

四、理论依据及分析

服务流程与服务蓝图是服务设计的基础工具,它们有助于服务企业管理者选择恰当的服务系统流程,识别服务系统的各个要素。服务流程图是从顾客角度对服务系统的描述,服务蓝图是从企业角度对服务系统的描述。

(一)服务流程的内涵

流程是指系统将输入转化为输出的过程。流程直接关系到一个系统的运作效率、成本和质量,对系统竞争力有重要影响。服务流程是对服务企业向顾客提供服务的整个过程(作业步骤和行为事件),以及完成该过程所需要素的组合方式、时间与产出的具体描述。服务流程是服务分析系统设计的基础。

流程图是进行服务流程分析的基本工具,它由不同符号组成(见图8-1)。流程图各种符号的含义如下:

长方形表示流程中的作业(事件、步骤);

箭头(流向线)表示流程的方向;

倒三角表示缓冲区(库存点或处于等待状态);

菱形表示决策点。

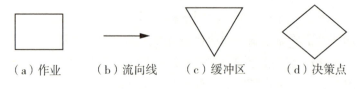

图8-1 流程图各种符号的含义

(二)服务蓝图的内涵与构成

1. 服务蓝图的内涵

服务蓝图是一种基于流程图的服务设计工具,它将服务过程合理分块,再逐一描绘服务系统中的服务过程、接待顾客的地点以及顾客可见的服务要素。服务过程中涉及的不同人员都可以理解并使用它。服务蓝图不仅能用来分析和改善现有的服务过程,还可以用来开发一套新的服务流程,因此服务蓝图在服务开发的设计和再设计阶段大有用途。

服务蓝图与其他流程图最显著的区别是,它从顾客的角度看待服务过程。在设计有效的服务蓝图时,可以从顾客对服务过程的观点出发,逆向工作以导入实施系统。

2. 服务蓝图的构成

服务蓝图由四部分组成:三种行为、连接行为的流向线、分割行为的三条分界线、有形展示(见图2)。

(1)三种行为。

①顾客行为。这是指顾客在购买、消费和评价服务过程中

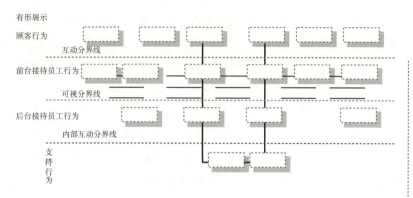

图 8-2 服务蓝图构成

的步骤、选择、行动和互动。例如,法律服务中的顾客行为包括:寻找律师、给律师打电话、面谈、收到相关法律文件和账单等。

②服务人员行为。服务人员行为包括前台员工行为和后台员工行为。前台员工行为是指顾客能看到的服务人员的行为和步骤。例如,法律服务中委托人(客户)可以看到的律师(服务人员)的行为包括最初会面、面谈和出具法律文件等。后台员工行为是指发生在幕后、支持前台行为的员工行为。例如,律师与客户的会面准备、法律文件交接的准备等。

③支持行为。这是指企业内部可以支持服务人员的服务步骤和互动行为。例如,律师事务所中员工进行的法律调查、文件准备、秘书为会面做的准备工作等都是支持行为。

服务蓝图中,每个行为部分中的方框图表示相应水平上执行服务的人员所经历的服务步骤。

(2)流向线。

流向线是指用来连接三种服务行为的箭头,它表明发生了服务接触,并指明了行为步骤的顺序。

(3)三条分界线。

第一条线是互动分界线,表示顾客与服务组织间直接的互动,穿越互动分界线的垂直线表明产生了顾客与组织间的直接接触。

第二条线是可视分界线,它将顾客能看到的服务行为与不能看到的服务行为分开。分析蓝图时,要关注分别位于可视线上方和下方的服务数量。

第三条线是内部互动分界线,用以区别服务人员的工作和其他支持服务的工作。

(4) 有形展示。

蓝图的最上方是服务的有形展示,典型的服务蓝图是在每一个接触点上方都列出相应的有形展示。例如,法律服务中的有形展示包括办公室布置、书面文件和律师着装等。

五、背景信息

(一) X公司几个重要岗位的介绍

公司重要岗位主要有白班经理、领班、副领班等,其职责详见表8-2。

表8-2 X公司部分岗位职责

岗位名称	职 责
白班经理	涉及行政、财务、DJ、工程、后勤、保安、PA(保洁员)。以后勤为主,负责店内后勤与对外公关(公关主要指接待消防、卫生局、治安、文体等方面的检查人员)。
领班	主要负责现场管理,与驻店人员联络,与白班经理、驻店财务协调相关工作。
副领班	分内场、外场。 内场副领班负责:超市财务、一楼接待、会员卡、营销监督等。 外场副领班负责:现场服务方面的工作、PA、吧台。
客服文员	为维护新老客户、提高顾客满意度,对客户信息进行管理的岗位。具体职责:包厢预约;会员电话回访;顾客意见卡汇总;客户信息管理;礼券、礼品发放登记。

续上表

岗位名称	职　责
外场组长	对分区域的各项现场工作和服务质量进行第一手督导的重要岗位。具体职责：外场区域班前小会；开档工作；现场工作安排与服务质量督导；清洁卫生；机具检查；班后小会。
吧台组长	在合理的成本范围内督导吧台果盘、饮料的出货速度和质量，维持吧台现场卫生并注意节能减排。具体职责：吧台区域班前小会；开档工作；管理接单、呼单、出单、取单的过程；盘点；总清；班后总结。

（二）量贩式KTV行业发展趋势

量贩式KTV行业与其他服务行业相比属于新兴行业。在这几年的发展过程中，该行业的逐步规范化是有目共睹的。从钱柜、好乐迪、宝乐迪等一些新品牌的迅速发展，可看出量贩式KTV发展的苗头。该行业的发展趋势主要有以下五个方面：

1. 市场化

市场经济体制运作下，娱乐行业处于上升的趋势，不断被开拓出来的消费市场和人们不断增长的精神需求已经让KTV行业成为炙手可热的掘金行业。

2. 品牌化

知名企业的品牌优势，已经形成一种无形资本，是企业价值的主要体现方式。品牌化的娱乐业现在基本上是寥寥可数，所以利用品牌扩大市场的优势就在于竞争的相对平稳性。

3. 规模化

市场境况的优劣在于适应市场的企业抗风险能力的大小，企业形态的大小和抵抗风险的能力是成正比的，规模化经营能保证一个企业在参与竞争时有更强的防御性。

4. 正规化

企业经营范围的正规化、社会接纳性、客人层次的多元化、企业文化的丰富、营业场所文化气息的加强都是吸引客源的重要条件。正规化娱乐产业的发展趋势已经成了一种客观存在的要求，是服务业必要的发展阶段。娱乐范围内的KTV已经从行业概念转型为产业，是更为有可挖掘性、更能有创造平台的一种服务提供方式。正规化势在必行，也是可持续发展的铺路石。

5. 健康化

健康的营业氛围和良好的企业经营理念，都是推动企业向前发展的重要因素。健康的娱乐行业经营形式，已经成为社会的需要，并且被消费者所接受。

六、关键要点

教师要清楚"顾客角度的服务流程图""员工角度的服务流程图""服务蓝图"这三个知识点之间的关系是层层递进的。所以，需要从易到难地引导学员进行掌握。

（1）顾客角度的服务流程图的绘制要从学员自身体验的角度去引导，难度较小。

（2）员工角度的服务流程图的绘制要引导学员理解X公司组织结构图、小郭的工作两部分材料，难度大些。

（3）服务蓝图要引导学员在上面两个服务流程图的基础上，全面理解X公司门店运营的工作，做横向关系和纵向关系的梳理，难度最大。

（4）如果上面三个工具掌握了，最后提出服务改善意见就是水到渠成的事了。

通过以上四步层层递进的引导，让学员逐步看到门店整体服务的脉络，明白顾客的每一个服务体验都需要服务传递系统良好的相互配合和支持才能完成。

七、建议课堂计划

（一）图形卡片的开发

学员既可以在课外自行绘制服务流程图和服务蓝图（通常是手绘），也可以使用教师事先开发的教学辅助工具——图形卡片，这样能提高效率。

图形卡片的设计方法类似于儿童的积木或拼图。一个小组发一套卡片，每套卡片包括一组服务流程图图标和一组服务蓝图图标。

服务流程图的卡片制作过程为：教师事先把流程图中的各种标识打印出来，再进行裁剪。

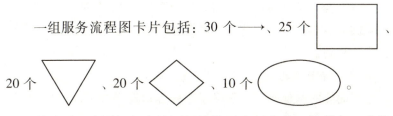

一组服务流程图卡片包括：30 个 ⟶、25 个 ▭、20 个 ▽、20 个 ◇、10 个 ○。

学员可以在图标空白处用铅笔填写流程步骤、等待点、决策点的内容，方便涂改。可以移动的流程箭头也方便学员修改。

服务蓝图的卡片和拼图制作过程为：

1. 教师打印裁剪出各种流程框

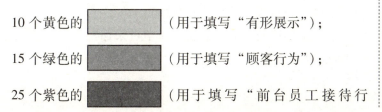

10 个黄色的 ▭（用于填写"有形展示"）；

15 个绿色的 ▭（用于填写"顾客行为"）；

25 个紫色的 ▭（用于填写"前台员工接待行

为");

10 个蓝色的 ■■■■■（用于填写"后台员工接待行为");

10 个灰色的 ■■■■■（用于填写"支持行为"）。

2. 配备各种箭头、决策点、等候点图形

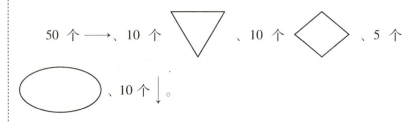

50 个 →、10 个 ▽、10 个 ◇、5 个 ○、10 个 ↓。

（二）课堂时间安排

本案例可以作为专门的案例讨论课来进行。如下是按照时间进度提供的课堂计划建议，仅供参考。

（1）整个案例课的课堂时间控制在 80～90 分钟。

（2）课前计划：提出 4 道启发思考题，请学员在课前完成阅读和绘制初稿。

（3）课中计划：

①简要的课堂前言，明确主题，告知发言要求；（2～5 分钟）

②分组汇报，PPT 展示"启发思考题 1～3 题的图"；（30 分钟）

③分组点评，每组 5 分钟，控制在 30 分钟；

④总结小组共性问题，引导全班进一步讨论"启发思考题第 4 题"，并进行梳理。（15～20 分钟）

（4）课后计划：如有必要，请学员采用报告形式给出更加具体的解决方案。

（三）黑板板书布置

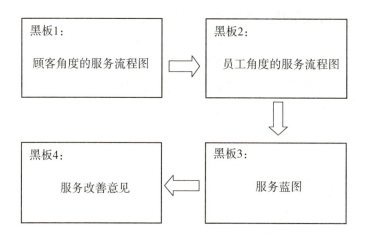

（四）学生背景了解

课堂前对学员的职业背景进行了解是很有必要的，可按照其年龄、从事的行业、职位高低、性别做一个大体的统计。再按照行业对其进行细分，这是为了分组和分组讨论做铺垫。

（五）分组和分组讨论

5～7人一组，组员要充分考虑到行业、年龄、性别的搭配。由于本案例的对象是服务型企业，建议每一组中至少有两名从事服务业的学员。

本案例需要绘制流程图，故建议在课外完成绘制，在课堂进行汇报。

（六）案例的开场白和总结

开场白要简练，引导学员开始成为讨论的主角，交代每组汇报时限和注意点。

总结要统管全局，对每组存在的共性问题（可以是优点或不足）做出概括，对知识点和能力点做出强调。

（七）对案例进行组织引导的建议

为了让学员更深刻地明白服务流程图中的各个角色的职责和交接，可以进行现场角色演示，让他们现场模拟服务场景。

附件一　X 公司 QX 门店组织结构图

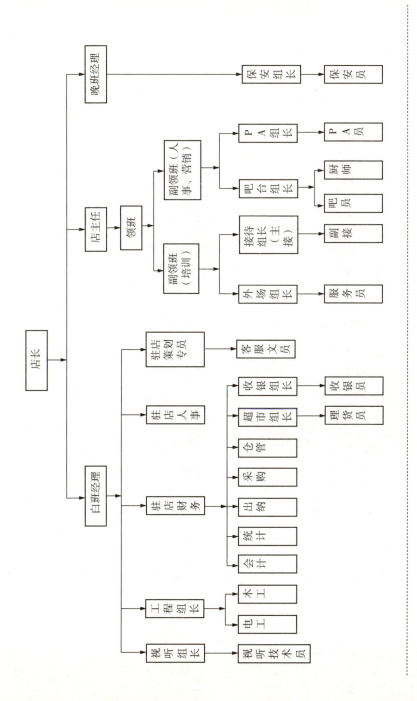

附件二 顾客角度的服务流程图

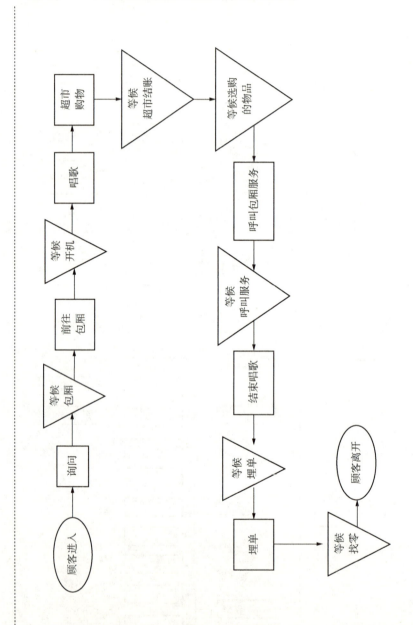

附件三 员工角度的服务流程图

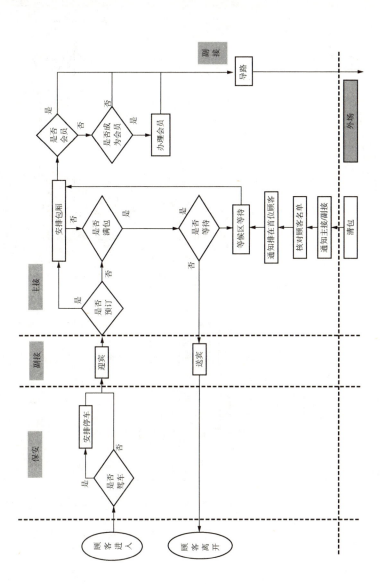

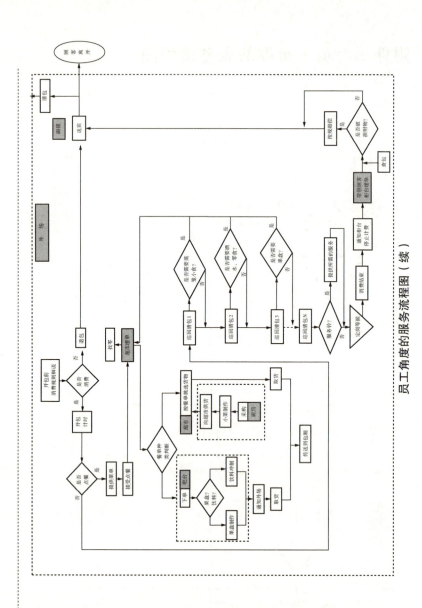

员工角度的服务流程图（续）

案例八 一家量贩式KTV的服务流程

附件四 服务蓝图

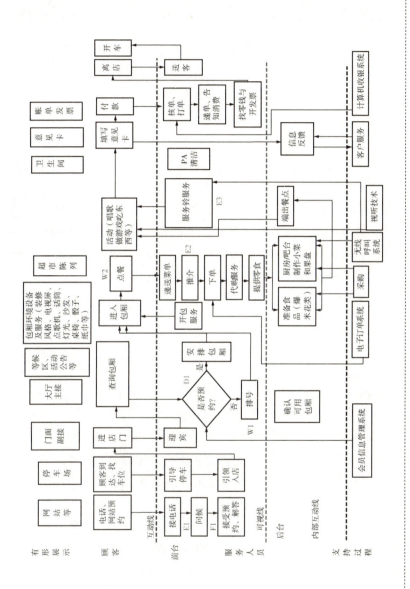

案例九：怡园酒庄的"先做精"与"再做小"
——华商陈进强和陈芳两代人的战略思维

马占杰等

摘　要：本案例描述了印尼华商陈进强和女儿陈芳两代人通过酒庄做精品葡萄酒的成功经历。首先，通过陈进强的创业经历阐述了陈进强进入葡萄酒业的背景与动机，确定战略定位后遇到的危机与挑战，以及应对策略。其次，阐述了产业传承给陈芳后，作为一个新兴的家族式红酒企业，在第二代继承人的手中如何通过"越做越小"又有了进一步的发展。

关键词：海外华商；怡园酒庄；葡萄酒业；发展战略

引言

印尼华商陈进强想结束一个关于中国葡萄酒的玩笑！

20世纪90年代突然红火起来的国内葡萄酒市场使得部分厂家一窝蜂地走捷径，从外国进口被媒体称为"洋垃圾"的低档酒，然后贴上自己的商标出售。一些标明1992年、1994年产品的酒，里面不过是国外2000～2001年的酒。这使一些外国人戏称，这不再是酒的年份，只是一个"商标"而已。显然，这是一个并不幽默但必须要结束的玩笑。在国内商场驰骋多年后，本身是葡萄酒爱好者的陈进强先生对泱泱大国却出产不了优质葡萄酒心感不平，陈进强的梦想就是想结束这个玩笑！

在国外，顶尖的葡萄酒都出自融葡萄栽种、酿造、灌装于一

案例九 怡园酒庄的"先做精"与"再做小"——华商陈进强和陈芳两代人的战略思维

体的酒庄，在法国就有闻名于世的五大名庄。陈进强想要做的就是通过酒庄做精品葡萄酒。于是他与法国朋友詹威尔合作，不惜重金请来法国葡萄酒权威 Mr. Boubals 前来山西考察，结果在太谷找到了土壤、降水、光照、积温各项条件都十分优异的理想之地。然后他创立了山西怡园酒庄，走精品酒庄路线，其葡萄酒品质获得海内外业内人士的高度赞赏。2002 年陈进强把企业传承给自己的女儿陈芳，交接后历经各种挑战。面对复杂的发展环境，企业不断转换发展模式，如今在陈芳女士的带领下迈向另一个台阶，同时也遇到了一系列挑战。

一、公司简介

怡园酒庄由陈进强先生于 1997 年创立。2002 年陈进强先生的女儿陈芳女士加入怡园酒庄，并全程负责酒庄的整体发展战略，管理葡萄酒的生产与经营。

酒庄位于距山西省省会太原市以南 40 千米的太谷县任村乡。任村乡独特的风土条件，为酿酒葡萄的种植和生长提供了得天独厚的环境，现有葡萄园 1000 余亩，种植了霞多丽、白诗南、美乐、吕丽珠和赤霞珠等多种优质的酿酒葡萄。酒庄自成立以来，从酒庄选址、葡萄品种选择、葡萄种植到葡萄酒的酿造，都严格按照葡萄酒的生产规律进行。酒庄以"传承、品质、创新、激情、服务、美好生活"为企业的经营理念，注重葡萄酒文化与栽培技术的传承，在酿酒葡萄和产品上严格把关，以无限的激情为消费者提供最好的服务。

目前，怡园酒庄已经成为我国最受肯定的葡萄酒酒庄之一。2002 年怡园系列中的"赤霞珠干红"荣获比利时布鲁塞尔国际大赛荣誉大奖；2003 年怡园系列中的"梅鹿干红"和"霞多丽干白"分别荣获巴黎 Vinalies d'Argent 国际大赛银奖与法国 Medaille d'Argent 大赛银奖；怡园珍藏"赤霞珠"荣获 2007 年度英国著名葡萄酒杂志 Decanter（台湾译为"品醇客"）颁发的荣誉大奖。2012 年，怡园酒庄获《葡萄酒》杂志授予"金樽奖"——"2012 年度最佳酒庄"。2013 年，荣获 RVF 中国优秀葡萄酒 2013 年度大奖"年度最具市场影响力酒庄"，还获得《中国葡萄酒》2013 年度百大葡萄酒"魅力酒庄奖"。2015 年 8 月 25 日，怡园酒庄第一款起泡酒正式开售。这款传统工艺起泡酒——Angelina 德宁系列起泡酒历经六年辛苦打磨而成，最终呈现在人们面前。

二、创始人陈进强的创业动机与发展模式

（一）陈进强其人

1951 年，祖籍福建龙岩的陈进强出生在印度尼西亚。他的父亲陈灼瑞 14 岁时为生活所迫闯荡南洋，虽成为一名成功的商人，但是财富却在一次又一次的社会动荡中随风而去。由于印尼排华，1966 年初陈进强随父亲回国后定居北京。1975 年，大学毕业回到呼钢不久，陈进强就去了香港，接手父亲的事业，从规模很小的贸易公司做起，充分利用中国经济崛起的契机，在商海的激流中搏击，终于取得了事业上的成功。

1992 年，陈进强任董事局主席的宝佳公司在香港上市，他们卖出的铁合金、焦炭价格甚至成为远东市场的指标价。1993 年，他投资建设浙江嘉兴子午轮胎钢连线项目，1995 年建设福建龙岩 10 万千瓦坑口电厂，1997 年创办怡园酒庄，立志酿出中国的优质葡萄酒。1998 年与友人合作投资数千万美元建设山西太原东山过境高速公路。

在社会活动方面，先后担任香港闽西同乡会会长、旅港福建商会常务理事会理事、香港福建社团联会常务执委、香港北京华侨联会名誉会长等职。作为华侨大学董事会副董事长兼副秘书长，陈进强捐资设立"陈进强助学金"和"陈进强贷学金"，资助困难学生完成学业，并捐建"进强楼"，为董事会香港办事处

购置写字楼及资助董事会会务费等。福建省人民政府特地在华侨大学立碑表彰。

(二) 陈进强创办怡园酒庄的背景

陈进强创办怡园酒庄属于危机后的战略调整。在公司矿产贸易蒸蒸日上之时,陈进强冷不防掉入了谷底。1989年,美国、日本等国家纷纷取消了对中国的订货,取消订单的电报雪片一样飞来,陈进强顿时陷入危局。海上,他好几条万吨级的巨轮正在航行,却没有了落脚点,货运往哪里去?大连、上海、湛江,中国海岸线的口岸上,他加工的铁合金、原材料堆积如山,这些东西卖给谁?

在香港的办公室里,陈进强和他的同事盯着电视屏幕,讨论事态的发展。应对危机的会一天一天地开,大家愁眉不展,面对上亿美金的银行债务,陈进强很可能破产,吃饭都有问题。"都回去睡吧,"陈进强宣布散会,"我们再差也不会比插队差,坚持就是胜利。有些危机是用时间熬下来的,我们只能熬下去,等待转机。"面对银行的逼债,陈进强坦然地说:"我遇到了困难,是因为发生了特殊的情况。但是,我们中华民族不会就这么衰败下去,你看一看中国的历史就会明白。我欠的钱一定会千方百计还给你们。"他变卖了香港、新加坡等地的房产,清偿债务。银行被这个真诚的客户打动。经过半年多的煎熬,陈进强终于熬了出来,公司起死回生。陈进强重新走向辉煌。但就在此时,他把自己的贸易公司卖掉了。

从矿产贸易中退出来之后,陈进强曾经与山西物产总公司的朋友有过一次深入的交谈。他们为山西的未来感到忧虑:山西的经济支柱是煤,但是以目前这样的采掘速度,再有40多年,山西的煤将消耗殆尽。什么才是山西发展的未来之路?一份内疚涌上心头。陈进强是做山西的矿产品起家的,在早年的创业中,他运走了山西许多资源,开采后自然也留下了许多污染。焦炭如此,铁合金也是如此。在这种情结下,他特别想搞一个绿色的、可持续发展的项目,给山西创造一个名牌。但是,做什么呢?

詹威尔提议搞一个葡萄酒庄园。詹威尔酷爱喝葡萄酒,这个习惯也影响了陈进强。葡萄酒是法国的国粹,在国际上享有盛誉,国际上葡萄酒酿造的规则和标准都源自法国。在中国工作十几年,詹威尔一直为不能喝到中国地道的葡萄酒而感到遗憾,在无数次商业应酬中,许多老外也对中国的葡萄酒直摇头,甚至喝不下而吐出。在一次高规格的会宴上,一个老外直率地说:中国菜很好,中国的葡萄酒太差了。这一幕深深刺伤了陈进强的心。

陈进强和詹威尔下定决心,要做中国的精品酒庄。他们联手山西物产集团,连续六年累计投资达6000万元。1997年,法国名贵葡萄苗漂洋过海,在山西农科院果树所专家的指导下,在太谷土地长出第一片幼芽。

(三)陈进强在精品酒庄建设中的"危"与"机"

中国不是酿不出世界顶尖的葡萄酒,而是行风不正,酿酒的人缺乏耐心,缺乏诚信。20世纪90年代突然红火起来的葡萄酒市场,当时仍在以每年10%~15%的速度增长。这种速度使得部分厂家没有耐心培植自己的葡萄苗,没有耐心等待结出果实。

1996年,国内还很少有这样的酒庄。按照国外的标准来说,酒庄前期投资大,投资周期长,最少得10年。首先要种出葡萄,而葡萄三年才能挂果,再等上几年,才能结出好葡萄。一个酒庄,就算技术成熟,也要等五六年才能酿出好酒。也因为如此,成功的酒庄生命周期很长,往往是个世代相传的产业。投资酒庄的前提是拥有雄厚的资金实力,能够持续不断地投入。

这样的事,陈进强觉得值得做而且也做得起。于是他给这个酒庄定了一个为期10年的投资计划,酒庄20年不赚钱也要撑下去。不久之后,亚洲金融危机爆发,陈进强庞大的经济组织因此迅速失血,再一次把他拖入了危机。即便是在非常困难的时候,陈进强也没有动摇过投资酒庄的决心。也就在此时,国内掀起了酒庄投资热。但是,一些酒庄难耐寂寞,在自己的葡萄没有成熟时,就从外地收购葡萄汁或原酒,然后贴上酒庄的牌子高价出售。更有一些所谓的"酒庄"根本不具备酒庄的基本条件,这

案例九　怡园酒庄的"先做精"与"再做小"——华商陈进强和陈芳两代人的战略思维

些酒庄所产的酒甚至卖到 6 元一支!

汤锅里的老鼠屎实在太多,在这种市场环境中,怡园走的依然是精品之路。每一株葡萄苗、每一个橡木桶都来自法国,酿造设备则来自法国、意大利等。酒庄的每一项投入都是高规格的,不惜血本。三年后,怡园的葡萄开始结果,2001 年生产出近 100 万瓶酒。这是一个崭新的品牌,但是迅速在国际葡萄酒的评比中,连续夺得 8 项大奖,国际、国内的同行为之惊讶。

但是,酒好并不等于卖得好。2002 年,是怡园葡萄酒进入市场的第一年,一年下来连卖带送才 3 万瓶。葡萄酒主要销往酒楼、餐厅,然而国内这一市场已经被长城、张裕、王朝三大品牌瓜分殆尽。要想进入酒店,要交昂贵的进店费、开瓶费,市场的门槛已经很高,怡园被挡在门外。

葡萄又成熟了,2002 年的酒又是近 100 万瓶。怡园的酒窖都放不下了。危机再一次降临。放眼四望,群雄并起,国内的几大名牌几乎垄断了中国的葡萄酒市场,新生的怡园酒根本不是对手。业内有句话叫"决战终端",然而如果贸然到终端去拼,结果只有"进店找死,不进店等死"。形势严峻,怡园一开张就似乎"山穷水尽"。

陈进强与詹威尔冷静地分析了形势,认为"怡园"唯一的长处就是质量好。要生存就必须避开强大的对手,寻找自己的空间,走差异竞争的策略。董事会上他们坚决否定了以偷工减料来降低成本,以更低的价钱进行恶性竞争的方案。怡园只有一条路,就是做中国最好的葡萄酒,做国际的第一流好酒。

陈进强把积压的酒经过严格挑选,只留下最好的,其他的以散装卖掉。然后,在各个环节上都加大了投入,样样都与国际一流标准对接。他将总数 2000 多亩的葡萄园砍掉一半表现不好的品种。为此,他拿出 400 万元对农民进行补偿。剩下的 1000 亩,在别人亩产 3000 至 5000 斤的情况下,怡园按国外一流酒商的做法,在国内第一家采取严格限产的措施,每亩 800 斤,以求得到更好的葡萄。为了不让农民吃亏,提高农民的积极性,怡园大幅提高了葡萄的收购价,优质优价。他们大量买进法国最好的昂贵橡木桶,用一流的包装材料,从法国请来一流的酿酒师——为生

237

产一流好酒，怡园不惜工本，成本竟然是国内同行的 5～6 倍。

在销售上，怡园对内抢占山西本地市场，对外主打一流大城市中的上海、北京、香港，抢占国产酒销售上的薄弱环节——国际一流五星级酒店、顶级西餐厅及高级会所。国际一流的五星级酒店及顶级西餐厅卖的葡萄酒不收进店费，他们要寻找与酒店匹配的一流中国葡萄酒。通常做法都是品酒师将几种品牌酒编号盲评，挑出最好的，再进货。要打进这些场所，不但要努力，更要有实力，而实力就是酒的品质。怡园就是凭借这一实力敲开了香港半岛酒店、香格里拉酒店、中国会，进入上海大部分国际一流五星级酒店及北京国际酒店、王府饭店等高档消费场所。更有法国大使馆、美国大使馆、德国大众汽车公司，一些重要活动也采用怡园葡萄酒招待客人。怡园酒昂首挺进中国葡萄酒的高端市场，同时在山西也打开了局面。曾经有一次，山西一个高级代表团在香港考察，在一家最高档的饭店意外地发现了怡园的酒，而且这是那里唯一供应的中国酒，全团的人都为之感到骄傲。

他们为什么感到骄傲？因为长期以来，山西给人的印象是专门出产傻大黑粗的产品，但这并不能代表山西的形象。山西人潜意识里希望山西生产出更多高档精致的产品，体现山西人的智能，代表山西人的形象。怡园代表了什么样的形象？葡萄酒在嘴里回旋，味蕾渐次开放，典雅均衡，含蓄隽永，那是法国波尔多右岸风格，那是黄土高原的气息。黄土黄，黄水长，历史悠久，民风淳朴。远处，郭兰英在唱："人说山西好风光……"把一瓶酒做出这样的境界，完全是因为爱，是因为情，那是绿叶对根的情意。

三、继任者陈芳对酒庄的定位与发展

（一）陈芳其人

陈进强认为："做一个百年大计的葡萄酒庄，只能是家族产

案例九 怡园酒庄的"先做精"与"再做小"——华商陈进强和陈芳两代人的战略思维

业。"秉承"只有家族才能做长线的计划,一代接一代地孕育出好酒"的理念,陈进强先生在 2002 年将酒庄传给了他的女儿陈芳。当时陈芳女士年仅 24 岁,但是对于未来她却有自己的一份信念——"把家族荣誉写在品牌中"。陈芳女士毕业于美国密歇根大学,获得心理学、妇女研究与组织研究学学士学位,曾服务于全球著名的投资集团高盛(香港)。从父亲手中接任怡园酒庄总裁职位后,年轻的她为怡园酒庄注入一股新的活力,开启一段与葡萄酒相关的拼搏与成长之旅。

"刚开始经营怡园时,我什么都不懂,以为卖出酒是很简单的事情。"陈芳说。结果 2002 年第一批酒上市时,100 万瓶的产量连卖带送只销售出 2 万瓶。第二年,又有 100 万瓶等着要卖。"当时有一种感觉就是父亲把我扔进'大海'里,让我一人游,我每天都在头疼。"记不清楚有多少次,陈芳焦虑到夜半醒来无法入睡:"酒庄被我弄破产了怎么办?如果我被老爸踢出去,找不到工作怎么办?"应该是从那时起,陈芳养成了每天跑步 6～8 千米的习惯,来对抗如影随形的焦虑。

"当时我们卖酒,他们说山西人不喝葡萄酒,只做汾酒。我认为这是鸡和蛋的问题,如果山西人真不喝葡萄酒肯定生产不出好的葡萄酒,所以我们有几年时间更多的是在坚持。"

"这酒的包装像个酱油瓶,谁要买啊?" 12 岁的弟弟偶然间一句打击,让陈芳顿悟过来。她开始改换包装:进口酒瓶、木塞、锡环……包装成本整整上升了 10 倍。外籍酿酒师也换了人,特聘了澳大利亚有 30 多年酿酒经验的著名酿酒师……

两年的蛰伏之后,怡园葡萄酒销售进入爆发式增长阶段。由原先的"卖不动"变成年年"不够卖"。"从几十元到几百元,我们要打造的是一个城市普通人群也消费得起,但是物有所值的葡萄酒品牌",而且"墙内开花墙外也香"。从香港的半岛酒店、香格里拉,到德国汉堡的大西洋饭店,到处散发出盖着庄主陈进强印章的怡园系列珍藏葡萄酒的酒香,到 2008 年酒庄实现了盈利。

2009 年,全球最有影响的葡萄酒杂志 Decanter 评出了 50 位葡萄酒界最具影响的人士和 6 位受关注人士,陈芳董事长成为其中之一,她还是"安永企业家奖"2010 中国企业家大奖获得者,2012 年被美国 FORTUNE(《财富》杂志)评为"亚洲最炙手可热的 25 位商界人物",2013 年被 Forbes Asia(《福布斯亚洲》)杂志评为"最值得瞩目的亚洲商业女性",还荣获瑞士日内瓦世界经济论坛 2013 年度"全球青年领袖"(Young Global Leader)称号。

(二)经营模式的转变——坚定地走蓝海战略

面对动态的竞争环境,陈芳不停创新经营模式。从"专卖店→沙龙店→西餐厅→地下酒窖→互联网",怡园的经营模式在不停地变化。他们认为自己是蓝海战队,而不是红海战队。不管是专卖店还是沙龙店,怡园都是行业里最先开始这种经营模式的。大家都在做的,怡园不做:2004 年开专卖店的时候,没有人做,怡园"首吃吃螃蟹"开了专卖店,当大家都开专卖店的时候,怡园又改开了沙龙;当大家都开始开沙龙的时候,怡园又升级为"酒配餐"。

1. 专卖店→沙龙店

最早的时候怡园酒庄是开专卖店,进店买酒,就像进一个卖衣服的实体店一样,密密麻麻的都是酒,哪种好就买哪种。

在 2006 年的时候怡园又开了酒庄的沙龙店。沙龙店最突出的是服务,就像是去咖啡厅可以坐在里面喝,也可以选择带走,甚至可以提供外送服务。怡园的第一家沙龙店和第一家专卖店都是开在福州,后期就延伸到上海、深圳、广州以及福建的泉州、龙岩、厦门等城市。

2. 沙龙店→西餐厅

为了把葡萄酒文化提升到更高的高度,陈芳又开始了西餐厅的这种模式。2010 年福州怡园酒庄开了第一家西餐厅,"这个西餐厅是怡园酒庄模式的又一个境界,在福州应该讲是最好的、专做牛排的西餐厅。它与众不同的地方是在吃牛排时我们推荐客人配酒,配我们的葡萄酒"。

3. 西餐厅→地下酒窖

为了配合西餐厅,怡园酒庄又在福州配了一个地下酒窖。这个酒窖作为福州最大的一个地下酒窖,里面基本上是避光的,只有昏暗的灯光,恒温,并配设了专门的水槽控制湿度,这是一个创新。地下酒窖以对外出租的模式租给客户。像租格子铺一样,客户可以把一些其他地方买的名酒,不论是不是怡园的酒都可以存在酒窖里面。这一举措满足了家里面没有条件去保存酒的客户的需求。

4. 地下酒窖→互联网

从2010年开始,随着互联网的发展,电商也炙手可热起来。怡园酒庄就开始尝试做自己的互联网,做互联网销售。当时做了一号店和亚马逊,现在做的就只有京东和天猫,主要是由于这两个平台的客户认可度比较高。比如,厦门怡园,就是集仓库、接单、营销、宣传于一体,集中服务于酒庄的互联网营销业务。

(三) 两代人经营理念的转变

毋庸置疑,一个企业里领导人的影响力是很大的,每个人都有自己独特的风格和价值观,虽然每一条路都可能成功,但经历的过程是不一样的。陈芳和她父亲始终是两代人,他们的成长背景不一样,陈进强可能做大做强的意愿更大一些,而陈芳觉得品牌就得做出质量,做出个性,走"做小众、出精品"的路线。

"我们家里经济并不短缺,为什么一定要做大做强呢?我认为国内很多企业都是讲究规模、产量、营业额,等等,我们不是处在当年那个贫穷的年代,为什么还要粗制滥造呢?"陈芳认为,她的想法就是把品牌做精,就像古代的中国一样。陈芳曾经参观过很多欧洲的博物馆,来自中国的物品都是非常珍贵的。

"葡萄酒不是工业产品,而是要在小规模庄园里精雕细琢而出。酒庄做小,才能与每一串葡萄'交流',认真照料好每一片葡萄园地,知道哪一株葡萄适合酿哪一种酒。要做大,就不可能做精;不做精,就不可能做好。每亩产量严控在350～400公斤,每株葡萄挂果6～8串,这是优生优育的简单原则。"陈芳说。"我要把怡园越做越小。"这是陈芳的目标。她一直心心念念澳洲那个酒庄,还有那位经营酒庄的老人。"他像熟悉孩子一样熟悉他园地里的每一株葡萄,我问他为什么只做那么少瓶珍藏酒,他说因为只有那两行葡萄可以做。"而这也正是陈芳所追求的境界。

"酒是一种生命,有出生值,有个性,细品你可以喝出它的DNA。用最好的葡萄,做出最美的葡萄酒。长线出精品。现在人们称我们的葡萄酒为波尔多酒。这当然是一种赞美,但是如果过了50年或100年后,人们仍然认为我们只是一种波尔多酒的话,我们就失败了。我希望到时人们能说'这是一种很棒的中国葡萄酒'。"

基于此种理念,怡园酒庄从不讲市场份额,要做的是品质,"做小众、出精品"。于是陈芳遍寻新的适合种植葡萄的产地,但却划定了一个年产量不超过200万瓶的"线",而且最终是要"小"到年产30～50万瓶。随之葡萄园越砍越少,之前为3000亩,现在仅1000亩,但是品质要越做越高。

怡园酒庄严格把控产品的代理销售:除山西采用经销商销售外,其他地方一度都是直营的。产品价格保持全国统一价,甚少打广告,也没有太多的打折扣活动。"酒香不怕巷子深",怡园专注于做好品质,让顾客自己通过搜索、引荐等方式购买。"我们有一次一个单卖了10万块,淘宝说我们恶意刷单,我们真没有,单价就在那儿放着,发货记录快递给他们。淘宝也是头一次见不打广告,一次就卖10万的。"厦门的一位经理人这么说道。

四、尾声

怡园酒庄主人陈进强说:"做一个酒庄,酿酒的理念很重要,

案例九 怡园酒庄的"先做精"与"再做小"——华商陈进强和陈芳两代人的战略思维

酿酒是艺术,每个细节都需要精益求精,需要丰富的酿酒经验和灵感。酒,是要人去感觉的,如果做得不好,对不起自己后代的名声。这个酒庄,我希望是留给子孙后代的礼物,因为这是个代代相传的传统事业。葡萄酒庄,还能让人想起那些崇尚经典和传统的年代,那是历史留给现代社会的一个礼物。"

2015年8月25日,怡园酒庄第一款起泡酒正式开售。这款传统工艺起泡酒——Angelina德宁系列起泡酒历经六年辛苦打磨,最终呈现在人们面前。Angelina德宁系列起泡酒是以陈芳女士女儿的名字来命名的,在Angelina起泡酒背标上陈芳写了这样一段话:"女儿是上天给予的最好的恩赐。而我的小女儿德宁Angelina就好像我人生中的阳光,充满着明亮、活泼和快乐!这也是我以Angelina来命名怡园酒庄的第一款起泡酒系列的由来。这瓶酒捕捉了小女孩对人生的喜悦、期盼和追寻,如同我的小德宁。"

怡园酒庄的庄主珍藏系列,代表着陈芳的父亲陈进强先生,而她女儿的名字也成为商标,寓意用家族的荣誉作品牌的保证。而陈芳女士选择小而精的经营模式,更是像培育孩子一样去经营一个品牌,酝酿一种文化。

2010年,陈芳向员工发出跑马拉松的建议。她会从中选出优胜者,组队参加厦门马拉松比赛。"怡园的路是长跑路线,一个人的人生也是在长跑,需要马拉松的精神。"

我们期待怡园酒庄的长跑与下一个精彩。

案例使用说明

一、教学目的与用途

（1）本案例主要适用于面向 MBA、EMBA 学生讲授战略管理课程，也适用于创业管理课程。

（2）本案例的教学目的在于通过案例分析与讨论，剖析两个方面的问题：一方面，创业型企业如何基于社会责任感进行战略定位，又如何通过经营模式创新实现战略落地；另一方面，创业型企业的代际传承如何实现，以及企业家的性别差异对企业发展的影响。

二、启发思考题

（1）你如何看待陈进强的创业动机？如何看待他对企业发展的定位？

（2）面对竞争对手的竞争，陈进强采取了哪些办法？你如何看待他的做法？

（3）你如何评价陈芳"酒庄越做越小"的战略调整？

（4）从案例材料可以看出，陈进强和陈芳两代人努力实现家族与酒庄品牌的融合，从品牌管理的角度你如何分析？

（5）比较陈进强和陈芳两代人的做法，你觉得性别差异对企业发展战略的制定有什么影响？

三、分析思路

教师可以根据自己的教学目标（目的）来灵活使用本案例。这里提出本案例的分析思路，谨供参考。

（1）从海外华商履行社会责任的角度，分析陈进强创办怡园酒庄的经济意义和社会价值，以及国内企业家经营理念中应该蕴含什么样的民族责任感。

（2）从战略管理的角度，分析陈进强对自己投身葡萄酒行业的战略分析、战略选择和战略执行的过程，在面对困境与危机时如何坚守自己的战略定位。

（3）从代际传承的角度，分析陈进强为什么要把酒庄的控制权交给陈芳，以及陈芳女士如何充分利用自己女性的性格特征，对企业的发展战略及执行措施进行调整。

（4）从品牌管理的角度，分析陈进强和陈芳两代人如何实现家族与酒庄品牌的融合，阐述他们两代人的做法对家族企业实现长远发展的借鉴价值。

四、理论依据及分析

（一）战略管理理论

在变革的时代，企业面临着种种挑战，包括由产品市场管理向价值管理转变，由行为管理向文化管理转变。波特的竞争战略的选择应基于以下两点考虑：其一是选择有吸引力的、高潜在利润的产业，其二是在已选择的产业中确定自己的优势竞争地位。企业的资源观认为，企业价值的评估要将企业置身于其所在的产业环境，通过与其竞争对手的资源对比，从而发现企业所拥有的高价值资源。

（二）品牌管理理论

品牌是唤起消费者重复消费的最原始动力，是产品的灵魂。为了实现在消费者心目中树立起个性鲜明的、定位清晰的品牌战略目标，企业领导者的职责主要为：制定以品牌核心价值为中心的品牌识别系统，然后以品牌识别系统整合企业的所有价值活动，同时优化品牌化战略与品牌架构，推进品牌资产的增值，并且最大限度地合理利用品牌资产。

（三）代际传承理论

代际传承是家族企业在持续成长过程中面临的重要挑战。在企业发展过程中，代际交接是很重要的突变，更上一层楼或者一落千丈在现实中都会存在。年轻人和老一辈拥有不同的成长环境和价值观，必然会有不同的做派，因此接班是一个互动的过程。

五、建议课堂计划

本案例可以作为专门的案例讨论课来进行。如下是按照时间进度提供的课堂计划建议，仅供参考。

整个案例课的课堂时间控制在 80～90 分钟。

课前计划：提出启发思考题，请学员在课前完成阅读和初步思考。

课中计划：简要的课堂前言，明确主题：2～5 分钟；

分组讨论：30 分钟，告知发言要求；

小组发言：每组 5 分钟，控制在 30 分钟；

引导全班进一步讨论，并进行归纳总结：15～20 分钟。

课后计划：如有必要，请学员采用报告形式给出更加具体的解决方案，包括具体的职责分工，为后续章节内容做好铺垫。

后 记

自20世纪90年代以来，MBA、EMBA教育浪潮席卷全国，开启了中国高等教育的新时代。获取MBA、EMBA学位的人士意味着具有超群的能力、胆识和品德，代表着地位、权力和财富，预示着希望、成功和辉煌，因此有"管理精英"和"天之骄子"之美誉，成为企业界乃至社会敬重和羡慕的特殊人物。与一般研究生教育有所不同，作为专业学位，MBA、EMBA是培养能够胜任工商企业和经济管理部门高层管理工作需要的务实型、复合型和应用型高层次管理人才，特别强调在掌握现代管理理论和方法的基础上，通过商业案例分析、实战观摩、分析与决策技能训练等培养学生的实际操作技能，使学生接受知识与技能、个性与心理、目标与愿望等方面的挑战，从而更具有职业竞争的实力。在市场竞争日趋白热化的商战中，MBA、EMBA理论与实战的综合能力高低决定了其给企业带来的贡献和实力的提升程度。《华商管理智慧·案例集》的出版，将为MBA、EMBA以及EDP等教学提供广泛而富有知识含量的资料，给教学实践带来一定的启发和帮助。果如此，将令我们最感欣慰。案例集精选由各位采编者和撰写者深入企业通过实地访谈、调研、总结汇集而成，并同时获中国案例共享中心案例库认可，务求原汁原味反映企业实践的原貌，囊括了生产管理、市场营销、财务管理、人力资源等企业管理的方方面面，可供教学过程中教师与学员之间共同探讨和提高使用。

在此书出版发行之际，再次感谢林霖、苏敬勤、朱方伟、林志扬等海内外专家、学者和中国案例共享中心的支持和鼓励，感谢各位采编者们的辛苦付出，感谢泉州品牌中心和《海西金领》杂志社的鼎力支持，同时感谢中山大学出版社的支持帮助，使本书得以顺利出版发行。

  本书在编选过程中，由于时间仓促，编者水平有限，难免出现疏漏和不妥之处，恳请各位专家、学者和读者批评指正。

孙　锐
2016年2月于泉州

圭璋特达，德也

泉州璋达是专注于高端路面机械设备销售和服务及技术推广的专业化公司，公司致力于将最好的机械设备推介给客户，给用户带来更高效、更优质、更经济的使用体验。同时为解决客户人才之困，全方位为客户提供设备的操作、维修、保养等半托管、全托管服务。

泉州和容建设工程劳务有限公司，主营业务为工程施工与工程劳务分包、建设工程咨询服务、城市地下管廊施工维护、智能城市基建维护、河流水土流失治理施工、城市景观带、慢速路施工、桥梁沥青路面质量通病防治、钢结构制造安装工程、福建省交通科学技术研究所检测业务的承揽等。

销售服务：
沥青搅拌设备
沥青热再生设备
V7系列机制砂生产设备
S3系列干式整形制砂系统
建筑垃圾分拣破碎线
履带、轮式移动破碎设备
固定式破碎设备
洗砂机

泉州璋达投资有限公司
泉州和容建设工程劳务有限公司

地址：福建省泉州市洛江区万兴街80号4-701室　邮编：362011
手机：139 0595 3753　　　传真：0595-2286 9218
邮件：416423310@qq.com
微信：weixin416423310

微信二维码

泉州华奥汽车销售集团（以下简称"华奥集团"），其母公司为泉州华奥汽车销售服务有限公司（以下简称"泉州华奥"），是一家主要投资于中高档汽车品牌4S店与第三方支付的集团公司。集团在1997年就成立了泉州第一家一汽—大众汽车4S店——泉州大众汽车销售服务有限公司，2003年投资建设泉州第一家奥迪4S店——泉州华奥汽车销售服务有限公司。

经过17年来的快速发展，华奥集团旗下现已有中高档汽车4S店16家、第三方支付公司1家。其中一汽奥迪8家，一汽—大众5家，一汽丰田3家。2013年，华奥集团实现营业收入共计34.15亿元人民币，并以此荣获"中国汽车经销商百强"殊荣。

未来几年，华奥集团将继续专注投资于一汽—大众的汽车品牌4S店和第三方金融支付两大业务板块。汽车板块方面将主要以一汽集团的奥迪品牌、一汽—大众品牌、丰田和雷克萨斯四大汽车品牌为投资方向。至2020年，华奥集团汽车板块拟规划发展奥迪4S店20家，一汽—大众4S店17家，一汽丰田3家，共计40家汽车4S店，年汽车总销量将达到50000台以上，维修产值将超过15亿元，汽车板块年营业收入将超过150亿元人民币。

　　福日成立于 2008 年年初，工贸一体化，专注各种晴雨伞的开发与生产，年产量 300 余万把，市场分布在欧美日韩及国内各省市区。

　　公司现有员工 100 余人，缝伞工人 20 余人，设计研发、生产管理、品质检测等团队齐全，管理系统完善。致力成为客户的生产工厂，为客户的晴雨伞需要提供完备的解决方案，努力做到：质优、价廉、交货快、服务好，维护客户商业机密，为客户在市场前沿获取订单提供忠诚而坚实的后盾！

厦门市学一企业管理咨询有限公司

◆ 公司简介

专注服务通信行业
学一企业管理咨询专注服务于通信行业，为通信行业企业提供全方位的企业管理咨询和培训。公司专注一个行业、员工专注一个领域，是业内少有的专为通信行业服务的咨询公司。

专业资深服务团队
公司专业的咨询队伍已经服务通信行业多年，对该行业有深刻理解。拥有自己独创的战略理论、咨询工具和技术，专注研究并解决通信行业发展中面临的问题，并给出解决方案，提供有效应对策略。

实战优质特色服务
学一咨询以实战咨询为特色，方案、执行贴合企业实际，坚持专业一流、效果第一，为客户提供长期优质服务。

学一团队服务足迹
服务范围覆盖全国31个省市，服务内容包括综合管理及职业化素养系列、渠道服务与营销系列、政企（集团）客户营销与服务能力提升系列、客户服务质量测评系列、客服中心营销与服务能力提升咨询和培训项目。

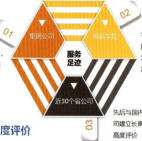

◆ 业界影响

近两年均有与电信集团公司、上海电信学院合作经验，深受一致好评

学一咨询团队2010年就与电信学院合作进行课程开发，在课程开发、课程产品升级方面积累了丰富的经验

先后与国内近30个省公司、逾200地市公司建立长期合作关系，并获得合作伙伴的高度评价

客户给予高度评价

"接地气"	既"架天线"，又接地气，中国电信集团公司官网对学一咨询培训课程的评价。
"强信心"	"参加培训后，思路打开了，心里有底了。虽然渠道发展还面临一些困难，但正像老师所讲的，办法总比困难多。"某渠道经理感言。
"效果显"	某县公司在项目执行完成后，提前半个月完成季度目标；某省标杆厅店终端增长率均在30%以上。

网址：www.xueyizx.com
地址：厦门市湖里高新科技园泉舜大楼 5C
电话：0592-5571718

理臣教育系全国管理咨询50强机构理臣咨询旗下品牌，创立于2002年，是中国民办教育最早涉足会计培训的权威机构之一，中国会计仿真教学模式先驱者，中国财务教育领军品牌。

理臣教育在全国首创"教育＋咨询＋资本"经营模式、"大财务"教学理念、"财务＋财知＋财商"课程体系、"直播＋录播＋考试＋实操"在线教育平台，开设有会计实操、会计考证、财务管理、财务工具、非财管理、税务实操、财商教育、学历教育八大类课程，并云集了大批中外财经名校知名教授、四大会计师事务所知名顾问、知名企业CFO亲自授课。

目前，理臣足迹已遍布泉州、福州、厦门、莆田、漳州、宁德、龙岩、深圳、长沙、沈阳、成都、合肥、苏州、临沂、义乌、宜春、郑州等地，全国有近30家分校。

扫一扫 下订单

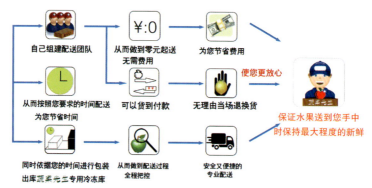

　　公司简介：蔬果先生是一家经营生鲜配送的企业。主营：果品、蔬菜、粮油、预包装食品、散装食品、农副产品。公司拥有自己的配送团队，冷链仓储，目前已建立自己的闽湖芦柑基地。古田水蜜桃基地、福安葡萄基地正在筹备中。

　　公司秉承"只为更优质的生鲜蔬果"的服务理念，重品质，讲诚信，志在成为福建省首选的生鲜O2O企业，凭借一流运作体系和不断完善的生鲜基地，竭诚为广大用户提供安全、便捷、专业的生鲜服务。

中财·海脉教育成立于2009年3月,位于中国美丽的滨海城市——厦门。秉承"海纳百川,臻于至善"的理念,依托美丽鹭岛的优美环境、国内外著名高校和机关、企、事业单位的优质平台资源与专业的经营团队,致力打造立足福建并走向全国的著名教育服务行业品牌。

业务范围:

1. 在职研究生考前辅导培训——泰祺MBA厦门分校(中国第一行列品牌、负责福建区域),包括工商管理硕士(MBA)、公共管理硕士(MPA)、会计硕士(MPAcc)、旅游管理硕士(MTA)、工程管理硕士(MEM)等考前辅导培训;

2. 工商管理硕士研究生(MBA)厦门教学中心;

3. 银行业培训;

4. 企业管理咨询及培训;

5. 大专、本科学历教育提升等。

联系方式:
联系人:张日祥(华侨大学MBA 2015级)
电话:0592-5573596,13950109098
邮箱:537745442@qq.com
地址:福建省厦门市思明区莲花南路7号经协大厦14楼A座

挑逗的根据
provocative reason

乔杰夫（厦门）食品有限责任公司，旗下品牌 MiuCake 慕蔻蛋糕，成立于 2012 年。福建省第一家通过电商平台销售欧式方形蛋糕的企业。甄选全球最高品质原材，零库存新鲜定制，QS 认证的中央工厂生产通过电子商务平台销售，全城贴心配送上门服务。2015 年已经进驻驻福州市场。

微信号：MiuCake

订购热线 TEL：**400-9950-168**
产品网站 WEBSITE：www.miucake.com.cn

知行合一　力聚行远

强连接 深交流 打造MBA社群新生态